신장 위구르 디스토피아

중국의 첨단기술 형벌 식민지에서 벌어지는
탄압과 착취의 기록

대런 바일러 지음
홍명교 옮김

In the Camps

Copyright ⓒ 2021 by Darren Byler
Korean Translation Copyright ⓒ 2022 by Sangsang Academy

Korean edition is published by arrangement with Nordlyset Literary Agency through Duran Kim Agency

이 책의 한국어판 저작권은 듀란킴 에이전시를 통한
Nordlyset Literary Agency와의 독점 계약으로 상상아카데미에 있습니다.
저작권법에 의하여 한국 내에서 보호를 받는 저작물이므로
무단 전재와 무단 복제를 금합니다.

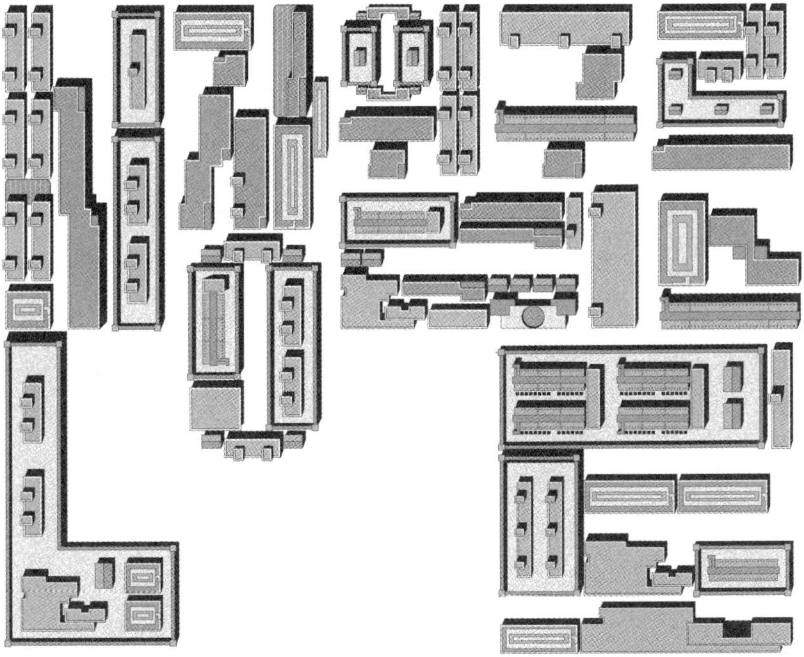

중국의 첨단기술 형벌 식민지에서

벌어지는

탄압과 착취의 기록

IN THE CAMPS:

CHINA'S HIGH-TECH PENAL COLONY

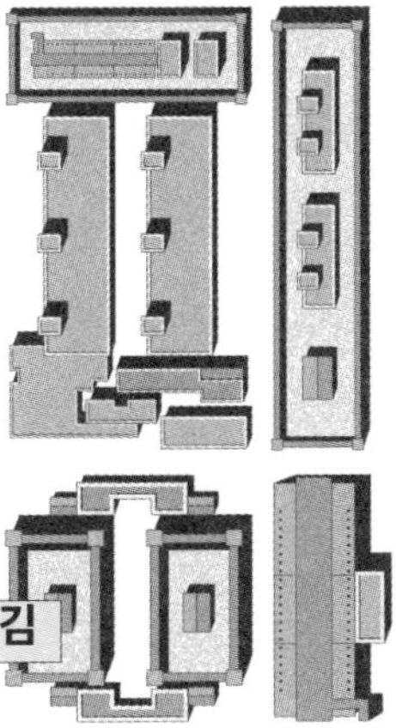

대런 바일러 지음

홍명교 옮김

신장 위구르 디스토피아

생각의힘

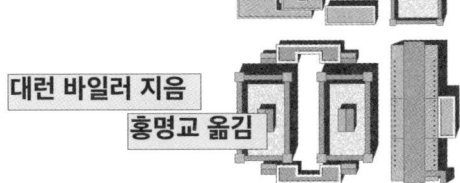

일러두기

1. 단행본은 겹꺾쇠표(《》)로, 신문, 잡지, 방송 프로그램 등은 홑꺾쇠표(〈〉)로 표기했다.

2. 각주는 독자의 이해를 돕기 위해 모두 옮긴이가 단 것이다.

3. 대괄호([]) 안 내용은 저자의 의도가 좀 더 명확히 드러날 수 있도록 옮긴이가 보충한 것이다.

4. 인명 등 외래어는 외래어표기법을 따랐으나, 일부는 관례와 원어 발음을 존중해 그에 따랐다.

5. 국내에 소개된 작품명은 번역된 제목을 따랐고, 국내에 소개되지 않은 작품명은 원어 제목을 독음대로 적거나 우리말로 옮겼다.

차례

들어가며　9

1장 예비 범죄　27

2장 전화기 참사　43

3장 두 얼굴　75

4장 동물들　105

5장 자유가 없는 사람들　129

나가며: 시애틀 뒤에는 신장이 있다　155

감사의 말　173

옮긴이의 말　176

더 읽을 만한 것들　185

참고문헌　187

《신장 위구르 디스토피아》에 대한 찬사

신장에서의 중국식 정착민 식민주의를 비롯한 구조적 인종주의가 세계 각지에서 유사한 인종차별을 불러일으키고 있는 지금, 대런 바일러는 중국의 무슬림 소수민족에 대한 새롭고 디지털화된 인종화—거대한 수용소 시스템의 '자동화된 인종화'—가 어떻게 비인간화의 의미를 완전히 다른 수준으로 끌어올렸는지 기록하고 분석한다. 냉혹하고도 충격적이지만, 희생자들에 공감하는 자세한 내용으로 가득 찬 이 책은 전 세계를 둘러싼 인종 문제에 관심이 있는 모든 이들이 읽어야 한다. 바일러의 책은 이것이 단지 중국의 현실이 아니라, 한 식민지 정권의 폭력이 세계적인 공모 관계와 분리될 수 없는 세계적 현실임을 우리에게 보여준다.

스슈메이史書美
(미국비교문학협회 회장, UCLA 비교문학 전공 에드워드 사이드 교수)

중국 정부가 아무리 부인할지라도 이 책이 말하는 것은 모두 사실이다. 대런 바일러는 얼마나 많은 중국 내 무슬림 민족이 재교육 수용소로 내던져지는지 설명할 뿐만 아니라, 수용소 바깥의 사람들이 전자 및 인간 감시망에 의해 어떻게 자유를 박탈당하는지 풍부한 출처를 근거로 묘사한다. 개개인의 실화를 바탕으로 만들어진 이 책은 오늘날 세계에서 자행되고 있는 최악의 인권 유린에 대한 매혹적이고도 끔찍한 보고다.

앤드류 J. 네이선Andrew J. Nathan
(컬럼비아대학교 정치학 교수)

《신장 위구르 디스토피아》는 국가주의와 중국 혐오 정서로 흐릿해진 담론에 긴급하고도 깊이 있는 인도적 개입을 제안한다. 대런 바일러는 중국 정부가 신장 내 이슬람교도들을 상대로 자행한 이슬람 혐오적 인권 유린에 대한 냉정한 그림을 보여주며, 동시에 이러한 관습들이 착취와 위해가 허용되는 '그 밖의 인종화된 것들'을 구성하기 위해 작동한다는 익숙한 정착민 식민지 논리로부터 도출된 실행 방식을 강조한다.

메러디스 휘태커 Meredith Whittaker
(뉴욕대학교 민데루 연구교수, AI 나우 연구소 AI Now Institute 소장)

이 책의 중심되는 지면은 신장의 안보 상태에 영향을 받은 위구르인과의 인터뷰이지만, 대런 바일러는 실리콘밸리 기업(특히 마이크로소프트)이 구축 과정에서 수행한 근본적인 역할을 세심하게 강조한다.

잭 폴슨 Jack Poulson
(테크 인콰이어리 Tech Inquiry 운영책임자)

'중국 정부'와 '감시'의 조합이 기술적으로 더럽혀진 비인간적 권위주의의 잔혹성을 나타내는 약칭이 되어버린 현 상황은 타당한가? 대런 바일러가 대담하고 꼼꼼하게 연구한 《신장 위구르 디스토피아》는 냉소적인 독자들조차 저자가 공들여 묘사하는 통제 시스템의 규모와 강도, 영혼마저 짓누르는 잔혹성에 충격을 받을 정도로 살벌한 이야기를 담고 있다. 이 모든 것은 전 세계 여타 지역에서 망각되는 사이, 신장에서 표준화되었다.

에반 셀링거 Evan Selinger
(로체스터공과대학교 철학 교수)

들어가며

2019년 중반에 들어선 어느 날, 한 경찰이 중국 쿠이툰시奎屯市의 붐비는 시장 교차로를 걸어가던 워싱턴대학교 학생의 어깨를 툭툭 쳤다. 베라 저우Vera Zhou는 양쪽 귀에 꽂은 이어폰으로 음악을 들으며 인파를 헤치는 중이었기에, 처음에는 누군가 자신을 불러 세우고 있음을 알아차리지 못했다. 뒤를 돌아 경찰이 입은 검정 유니폼을 보자, 음악이 계속 흘러나오는데도 베라의 얼굴에서 핏기가 싹 가셨다. 경찰은 베라의 모어인 중국어로 말하면서 근처에 있는 파출소便民警务站*— 현재 이 지역 전역에 설치된 7,700개소 이상의 감시 거점[1] 중 하나—로 갈 것을 지시했다.

네모난 회색 건물 안에 설치된 모니터에서 그녀는 노란색 사각형으로 둘러싸인 자신의 얼굴을 보았다. 다른 화면에서는 시장

■ 2016년 10월 신장위구르자치구 전역에 설치된 이 파출소들은 치안 순찰과 경찰업무 접수 및 처리, 대중 봉사, 동태 파악, 법제도 홍보, 비상대기 근무 등의 기능을 갖고 있다. 저자는 2019년 8월 〈차이나 메이드China Made〉에 기고한 글을 통해 중국어 '비엔便'이 '편리'를 넘어서는 추상적인 의미와 용례를 갖고 있다고 해설한다. 가령 '비엔'은 '윈-윈' 거래 관계에서 사용되며, 이따금 정치적 의미를 갖는다는 것이다. 이 책에서 '파출소'로 번역한 '편민경무참'은 '비엔'의 정치적 의미를 극단적으로 보여주는 한 예다. '편리'는 상호적인 교환가치와 더불어, '(국가)안전'의 의미가 더해져 국민 중 누가 안전하고 누가 그렇지 않은지 판별하는 기준이 된다.

사이로 걸어가는 보행자들이 보였고, 그들의 얼굴은 초록색 사각형으로 표시되어 있었다. 고화질 비디오 화면 옆에 뜬 검은색 텍스트 박스에 베라의 개인정보가 나타났다. 그가 중국 서북지방 내 1,500만 무슬림 인구 중 100만 명으로 이루어진 후이족回族 신분에 속한다는 사실이 적혀 있었다. 베라는 재교육 수용소에 수감되었던 사람이기에 사구■와 공안국의 명시적인 허가 없이는 마을의 다른 지역으로 여행하는 게 공식적으로 허락되지 않았다. 그런데 지역 내 이동제한의 격자망grid ■■ 한도를 넘었기 때문에 경보음이 울린 것이었다. 화면 속 그의 얼굴을 두른 노란색 사각형은 무슬림을 제자리에 묶어두는 디지털 인클로저 시스템digital enclosure system ■■■에 의해 베라가 다시 한번 "예비 범죄자"로 간주되었음을 나타냈다. 그 순간 베라는 숨이 막힐 것만 같았다. 아버지가 했던 말이 생각났다. "만약 그들이 네 신분증을 확인한다면 넌 체포될 거야. 더는 보통 사람이 아니라는 뜻이거든. 이제 '그런' 사람들 중 하나가 되는 거야."

■   사구와 관련한 자세한 설명은 72쪽의 세 번째 각주를 참고하기 바란다.

■■ '격자망화 관리网格化管理'는 치안 유지와 기층 관리를 강화하기 위한 통치 체계로, 2011년 베이징 둥청구에서 시작됐다. 주거 단위인 사구를 격자 단위로 잘게 나누어, 격자마다 관리원을 배치함으로써 해당 구역 내 각종 정보와 사건·사고, 여론 동향 등을 수집하고 관리하는 시스템을 지칭한다.

■■■ 인클로저는 근대 이전의 지주계급이 물가 상승에 대응하기 위해 소규모 경작지를 몰수한 일련의 절차를 가리킨다. 디지털 인클로저란, 소위 플랫폼 자본주의 아래에서 자본이 알고리즘을 이용해 공공의 빅데이터를 사적으로 인클로저하고, 수익을 사유화하는 체계를 가리킨다.

베라가 있던 쿠이툰시는 타청지구塔城地区에 위치한 인구 28만 5,000명 규모의 소도시다. 부유한 석유 도시 커라마이시克拉玛依市를 둘러싸고 있으며, 중국-카자흐스탄 국경을 형성하고 있다. 2017년 (내가 강사로 재직했던) 워싱턴대학교 지리학과 3학년에 재학 중이던 베라는 남자친구를 만나기 위해 돌발적으로 고향에 돌아왔다가 발이 묶이고 말았다. 그 모든 시련은 집에서 몇 시간 정도 떨어진 인구 350만 명의 자치구 수도 우루무치시乌鲁木齐市의 영화관에서 그들이 밤을 보낸 다음 날, 베라의 남자친구가 지역 경찰서로 출석하라는 전화를 받았을 때 시작되었다. 경찰서에 도착하자 경찰은 그에게 여자친구를 심문해야 한다고 말했다. 베라의 인터넷 이용 기록에서 의심스러운 활동을 발견했다는 것이다. 베라는 대학 지메일 계정과 같은 "불법적인 웹사이트"에 접속하기 위해 가상 사설 네트워크나 VPN을 사용하고는 했다. 그들은 나중에 베라에게 이것이 "종교 극단주의의 징후"라고 말했다.

베라에게 무슨 일이 일어나고 있는지 알기까지는 어느 정도 시간이 걸렸다. 처음에 경찰은 상당히 우회적인 태도를 보였다. 베라의 남자친구가 인구 다수를 차지하는 한족 출신의 비이슬람 교도였고, 그들은 베라가 소란을 피우는 것을 원치 않았기 때문이다. 그들은 그저 베라가 경찰서에서 기다려야 한다고 말했다. 그녀가 자신이 체포된 것인지 물었을 때, 그들은 답변을 거부했다. "그냥 앉아 있어"라고 말할 뿐이었다. 베라는 상당히 겁이 났기에, 고향에 있는 아버지에게 전화를 걸어 상황을 설명했다. 그러다 마침내 경찰차 한 대가 경찰서에 도착했다. 경찰관 네 명이 쏟아져 나왔는데, 그중 셋은 중년이었고 나머지 한 명은 베라와 비슷한 또래처럼 보이는 십 대였다. 그의 유니폼 소매에는 "경찰보조원"■이라고 적혀 있었고, 이는 재교육 캠페인 당시 경찰이 외주 인력으로 계약한 9만 명 이상의 사설경비업체 소속 인원들[2]에게 주어진 이름이었다.

경찰관들이 베라를 심문하기 위해 다시 쿠이툰으로 데려가야 한다고 말했을 때, 남자친구는 곧바로 그녀를 차로 데려다줘도 되는지 물었다. 경찰관들은 그에게 한족 간의 예절을 지키면서, 절차에 따라 경찰차에 태워야 하지만 원한다면 그 뒤를 따라와도 좋다고 답했다. 그사이에 베라는 경찰차 뒤쪽에 앉았는데, 남자친구가 시야에서 사라지자 경찰은 그녀의 두 손을 단단히 묶고 거칠게 뒷좌석에 밀쳐 넣었다. 베라 또래의 젊은 경찰보조원은 뒷좌석에서 그녀를 감시하도록 배정됐다. 그는 두 다리를 쩍 벌리고는 마치 베라가 잠재적인 테러리스트이기라도 한 것처럼 멍하니 웃음기 없는 표정으로 쳐다봤다. 그녀는 자기 자리에 앉

■ 원문의 police contractor 또는 assistant police는 경무보조인원警务辅助人员을 각각 다르게 부르는 말이다. 말 그대로 이들은 경찰의 보조 역할을 맡으면서, 동시에 계약직 신분이다. 현지에서는 보경輔警 또는 협경協警으로 부른다. 2009년 이후 중국 정부는 신장위구르자치구에 다층화된 보안 상태를 구축해왔다. 이들은 정식 경찰은 아니며, 일반적으로 다른 대도시에서는 경찰관을 도와 교통상황을 통제하는 등의 역할을 맡는다. 하지만 지역과 상황에 따라 경찰과 같은 권한을 행사하기도 한다. 상하이시의 경우, 협경과 시민들 사이의 갈등이 문제시되자 협경의 권한 행사를 제한하는 조치를 2022년 8월부터 시행하고 있다.

은 채로 시민이자 인간으로서의 권리조차 누릴 자격이 없는 이슬람 극단주의자로 식별됐다.

신장위구르자치구新疆维吾尔自治区는 중국 최서북단이자, 중앙아시아와 또 다른 자치구 티베트의 북쪽에 위치해 있다. 신장의 면적은 알래스카와 비슷하고, 인도에서 몽골에 이르는 8개국과 국경을 접하고 있다. 중앙아시아의 몇몇 민족이 토착민으로 살고 있으며, 그중 가장 큰 민족은 투르크계 무슬림인 위구르족(1,200만 명)이고, 다음으로는 카자흐족(150만 명), 키르기스족(20만 명), 우즈베크족(1만 5,000명)이 뒤를 잇는다. 한족 인구는 약 900만 명이다. 중국어로 "새로운 강역"을 뜻하는 신장의 공식 명칭은 신장위구르자치구로, 중국 정부는 위구르족의 자치 정책을 시사하고자 행정구역을 설정했다.

위구르족은 중앙아시아의 사막 오아시스에서 수 세기 동안 소규모 관개 농업을 해왔는데, 몇몇 시기를 제외하고는 지난 2,000년에 걸쳐 옛 실크로드 교역로를 따라 자치를 누려왔다. 1755년 만주족이 이끄는 청나라가 이 지역 일부를 침공했다. 그들은 1884년에 이르러 이곳을 미미하게나마 통제된 지방 수준의 영토로 만들었고, 주요 도시 지역에 군사 기지를 설치했다. 1949년 중화인민공화국이 건국되었을 때, 이 지역에서 한족 정체성을 갖는 인구는 전체의 약 6퍼센트였다. 반면 위구르족은 인구의 약 80퍼센트를 차지했는데, 거의 모두가 대대로 조상들이 살아온 신장 남부에 살고 있었다.

1949년 이전에는 이 지역이 소비에트연방에 속하는 동투르키스탄공화국이 될지, 아니면 청나라 황실의 경계선이 위구르족과 카자흐족의 땅을 중화인민공화국의 내부 식민지로 만들 것인지가 불확실했다. 그러나 1949년 스탈린과 중국공산당의 영도자들은 중국이 이 지역을 "점령"해야 한다[3]는 데 합의했다. 1950년대 중국 정부는 수백만 명의 전직 군인을 이 지역 북부로 이주시켜 군대 점령지에서 농부로 일하도록 했다. 신장생산건설단新疆生产建设兵团, Xinjiang Production and Construction Corps, XPCC의 일원이었던 이 정착민들은 경제적 우대책과 이데올로기적 신념이 어우러져 국경지대로 오게 됐다. 한족 정착민들만이 아니라, 100만 명에 달하는 후이족 집단도 이 지역으로 이주했다. 이들은 중국어를 사용하는 무슬림으로, 베라 역시 후이족 출신이다. 오늘날 위구르족은 전체 인구의 50퍼센트 미만을 차지하며, 한족은 40퍼센트 이상을 차지하고 있다. 이 지역은 중국 석유 및 천연가스의 약 20퍼센트가 생산되는 원천이다. 석탄 매장량에서는 훨씬 더 높은 비율을 갖고 있고, 전 세계 면화와 토마토 중 약 4분의 1을 생산한다.

중화인민공화국 초기 수십 년 동안 한족 정착민들은 대부분 위구르족으로부터 분리되어 있었다. 한족이 점령한 북쪽 땅과 위구르족의 남쪽 땅 사이엔 길이 없고 거대한 산맥이 있었기 때문에 이들은 각자의 일상에서 마주칠 일이 없었다. 중국공산당이 이 지역의 통치 구조를 바꿔놓았지만, 남부 지역에서는 위구르족이 지배적 위치를 유지하고 있었다. 남쪽에 배치돼 있던 소수의 한족은 위구르족 종교 지도자들이 문화대혁명 시기 숙청으로 추방될 때조차도 위구르 세계의 문화적 전통에 적응했다.[4]

위구르족이 이 지역 남부에서 누렸던 상대적 자율성은 중국이 수출주도 시장경제로 전환한 1990년대부터 바뀌기 시작했다.[5] 중국이 "세계의 공장"이 됨에 따라, 석유와 천연가스 그리고 종내는 면화와 토마토가 신장 경제의 기둥이 되었다. 이러한 상품들을 찾아 한족 정착민 수백만 명이 위구르족이 다수를 차지하는 지역으로 몰려들었는데, 먼저 자원 채굴 인프라를 구축한 다음 산업과 서비스 분야를 지원했다. 지난 30년간 신장은 상하이와 선전 등 대도시의 수요에 조응하는 전형적인 주변부 식민지의 역할을 해왔다. 다른 정착민 식민지 프로젝트와 마찬가지로, 원주민들은 대체로 신경제의 가장 수익성 좋은 방향에서부터 배제됐다. 정착민 경제가 생활비 상승을 촉발하게 되면서, 도시와 자원 부문의 팽창은 위구르족 가구에 점차 더 많은 압력을 가했다. 일부는 산업 규모의 목화 농장에서 소작농이 되었고,[6] 대다수는 건설업이나 다른 부문에서 저임금 이주노동으로 밀려났다.

1990년대 정착민 이주가 초래한 경제 전환과 정치적 동역학 역시 저항과 폭력의 연쇄 반응을 촉진했다. 예를 들어 카슈가르시 인근 바런향巴仁乡에서 사냥용 소총과 농기구로 무장한 위구르족 농민들은 가족계획 정책 시행과 한족 정착민의 일자리·관개 권한 특혜 대우에 항의하는 "봉기"를 일으켰다. 이 당시 위구르인들의 향정부 청사 점거 구상은 자결권 강화—정부는 이에 대해 처음엔 분리주의로, 나중에는 테러로 묘사했다—를 중심에

둔 것이었지만, 당시 이 지역에 살고 있던 위구르 지식인 압두웰리 아윱Abduweli Ayup의 눈에 띄었던 것은 "중국군에 의해 진압된"[7] 시위 방식이었다. 회고록에서 그는 정부가 어떻게 "대규모 체포를 지속했는지" 상기했다.

> 우리 마을에서는 시위자들이 어떻게 트럭에 실린 벽돌처럼 끌려갔는지에 대한 목격담이 돌았다. 경찰은 산 사람뿐만 아니라, 죽은 이들의 시체도 수감했다. 그 당시 모든 학교는 문을 닫아야 했고, 모든 사람은 정치적 세뇌 교육에 강제로 참여해야 했다. 집은 수색을 받고, 종교 서적이 불태워졌으며, 사람들이 무작위로 체포되었던 당시가 내 기억 속에서 여전히 생생하다. 정부가 국가 정책의 피해자인 우리를 "말썽꾼"으로 몰아붙이고 있다는 걸 알았기에, 우리 사이에서 조용한 수근거림이 이어졌다.

위구르족이 다수를 차지하는 지역에서의 엄격한 정착민 우대조치는 커다란 반감을 야기했다. 광범위한 채용 차별과 토지 몰수, 종교적 관례에 대한 정부 통제의 증가는 1990년대와 2000년대 초에 걸쳐 일련의 시위와 폭력적인 탄압을 유발했다. 이는 2009년 한족 노동자들에 의한 위구르족 노동자 린치에 대응한 위구르족 학생 시위[8]가 무장 경찰의 실탄 사격을 촉발했을 때 절정에 달했다. 이에 맞서 위구르인들이 우루무치 거리에서 폭동을 일으켰는데, 130명 이상의 한족 민간인이 사망했고 더 많은 사람이 부상을 입었다. 그 후 몇 달간 지방정부는 지역 전역에서 군사적인 "고강도 진압" 작전을 전개했다. 이로 인해 위구르인 수천 명이 사라졌고,[9] 경찰의 야만성과 국가 통제에 대한 분노가 커졌다.

연구자인 숀 로버츠Sean Roberts와 가드너 보빙던Gardner Bovingdon이 보여주었듯,[10] 지난 30년 동안 위구르족 시위와 국가 행위자들을 겨냥한 폭력이 늘어난 것은 통제 유형과 인종차별이 늘어났기 때문이었다. 2000년대에 무슬림 테러리즘 담론이 중국에 들어오면서 관영매체는 이러한 사건들을 "테러"로 묘사했다. 그러나 많은 경우 시위에서 죽거나 다친 사람들 대다수는 위구르인 가해자들 자신이었다. 이 "테러리스트들"은 늘 그렇듯 비무장 상태이거나 즉흥적으로 만든 무기를 소지하고 있었으며, 경찰의 자동화 무기 사용으로 사망하거나 부상을 입었다.

하지만 결국 일부 폭력 사건은 국제적으로 테러로 간주될 수 있는 것과 유사해지기 시작했다. 2013년 말과 2014년 초, 한족 민간인을 직접 겨냥한 위구르족 민간인의 폭력 공격이 증가했다. 이와 관련해서는 베이징과 쿤밍, 우루무치 등 도심에서 발생한 자살 공격이 두드러진다. 칼, 차량, 폭발물 장치 등을 활용한 이러한 공격은 이전의 사건들과 구별되는데, 과거의 경우는 즉흥적으로 발생한 데다 민간인이 아닌 경찰이나 정부 당국을 겨냥했다는 차이가 있다. 처음으로 위구르인 괴한들이 비무슬림을 무차별적으로 표적 삼는 동시적인 공격을 계획했던 것으로 보인다. 더 큰 문제는 이들이 지역의 정치적·경제적 불만이 아니라, 유럽과 북미에서 신생 이슬람국가Islamic State, IS 행세를 하며 활동한 범죄자들과 흡사한 전술을 드러냈다는 점이다.

이 무렵 카자흐족과 위구르족 사람들이 소셜미디어를 사용하기 시작했다. 그들은 또한 무슬림 세계 전역의 동시대 무슬림 문화와 신앙 전통에 더욱 관심을 갖게 되었는데, 이를테면 세계적으로 방대한 숫자의 신자를 보유하고 있는 비정치적 수니파 경건주의 그룹인 타블리기 자마아트Tablighi Jamaat 운동■으로부터 영감을 받기도 했다. 계획된 공격이 늘어나는 한편, 일반적인 위구르인 사이에서 술을 자제하는 등 할랄의 기준에 대한 준수를 높이는 일이 증가하자 이슬람 위협에 대한 [주로] 추상적이고 위협적인 고정관념을 두려워하는 신장의 한족 정착민들은 불안에 떨었다.

게다가 이 시기에 1만 명에 가까운 위구르인들이 빈틈 많은 미얀마-중국 접경을 통해 튀르키예로 도망쳤다.[11] 튀르키예 정부로부터 지원을 받았다는 주장이 있는 가운데, 그들 중 1,000명 이상이 IS와 아사드 정권과 싸우기 위해 시리아로 넘어갔다. 전체 위구르인 비율로 볼 때 이 외인부대의 비중은 시리아 내전에 참전했던 영국인 무슬림의 수보다 적었다. 하지만 중국 당국은 단지 시리아에 위구르인이 있다는 사실만으로 중국 주권에 대한 실존적 위협으로 간주해버렸다. 반동주의자들을 해충으로 묘사했던 문화대혁명 시대의 수사를 따라, 관영매체는 극단주의자로

■ 타블리기 자마아트는 "보다 이슬람적인 이슬람"을 표방하는 이슬람 교육 및 선교 운동조직이다. 1926년 이슬람 수니파 계열의 데오반디 개혁파가 주도해 시작되었고, 오늘날 전 세계 150개 국가에 최소 1,200만 명, 최대 8,000만 명의 추종자를 두고 있는 것으로 알려져 있다.

여겨지는 위구르인과 카자흐인을 박멸되어야 하는 독사이자 질병을 옮기는 벌레로 묘사하기 시작했다.[12]

수십 명의 개개인이 자행하고 수백 명의 사람들이 지원하는 공격, 경건한 이슬람 관례의 증가 그리고 위구르 난민들의 튀르키예행 탈출exodus에 대응하여 중국 당국은 "테러와의 인민전쟁" 反恐怖人民战争을 선포했다. 그러나 유럽과 북미의 국내 대테러 작전과 달리, "인민전쟁"은 위구르족이 조상 대대로 살아온 터전에서 한족 정착민 사회를 보호하기 위한 초법적인 집단 억류 프로그램으로 치달았다. 소수의 범죄자를 표적으로 삼기보다는 신장 내 1,500만 명의 전체 무슬림 인구를 대상으로 한 이 캠페인은 이슬람 관습과 많은 위구르·카자흐의 문화적 전통을 범죄화하는 데 기여했다. 초기에는 종교 지도자들만 수용소로 보내졌지만, 2017년에 이르러 테러와의 전쟁은 위구르인이 이슬람교도가 되는 것 그리고 얼마간은 위구르인 혹은 카자흐인이 되는 것 자체를 방지하는 프로그램이 되었다.

5년 사이에 당국은 우선 현과 현 사이에, 그다음엔 도시 관할 구역 내에 검문소 시스템을 구축했다. 그들은 지역 내에서 위구르인의 이동을 제한하는 통행증 제도를 만들었고, 통행증을 갖고 있던 소수의 위구르인과 카자흐인에게서 그것을 압수했다. 그들은 "신뢰할 수 없는" 무슬림에 대한 평가를 시행하기 위해 110만 명에 달하는 공무원들을 위구르족과 카자흐족 농촌 지역에 파견했다. 또한 9만 명 이상의 경찰보조원을 추가로 채용해 이슬람교도의 핸드폰과 신분증을 스캔하는 업무를 맡겼는데, 이는 베를린장벽 붕괴 전 동독에 필적할 만할 수준이었다.[13] 이어서 보안이 고도로 강화된 재교육 수용소 네트워크를 구축하기 시작했는데, 구금이 최고조에 달했을 때 전체 성인 인구의 10~20퍼센트[14]를 수용하게 될 것이었다. 이는 지역 당국이 종교적 극단주의가 "종양"으로 진전됐다고 간주한 인구 비율에 해당한다. 같은 시간, 성정부 민정부는 구류에 의한 고유의 가족 분리와 더불어 50~80퍼센트의 출생률 감소를 촉발하는[15] "불법 출산 제로zero illegal birth" 정책을 집행하기 시작했다.

2018년 4월 200미터마다 검문소가 설치된 카슈가르시에서 나는 신분증을 제시하라는 경찰보조원들과 맞닥뜨렸다. 그들은 내 여권을 스캔하고는, 감시 리스트에 있는 대상과 일치하는지 찾아보고자 이미지 인식 시스템을 실행했다. 검문소에 억류해 있는 동안 나는 경찰보조원들이 그곳을 지나는 위구르인에게 그들의 스마트폰을 요구하는 모습을 관찰했다. 그들은 디지털 포렌식 전문 업체 메이야 피코美亚柏科, Xiamen Meiya Pico나 파이버홈烽火网络, FiberHome에서[16] 만든 앱을 사용해 검사하고 있었다. 두 기업 모두 스마트폰을 추적 장치로 바꾸기 위해 이 지역에서 일하고 있었다. 2011년부터 내가 인터뷰해온 수백 명의 위구르인에 대해 질문을 받는 모습을 상상해봤다.

내가 아는 사람 중 서른 명 남짓이 수용소로 사라져버렸다는 사실을 그들의 친척과 친구들로부터 들었지만, 가장 가까운 위구르인과 카자흐인 친구들은 여전히 수용소 밖에 있었다. 나는 경찰이 간이 금속탐지기를 사용해 내 가방 주머니 안에서 쉽게 찾을 수 있는 SD카드 안 이미지 파일들—검문소와 카메라 시스템, 표지판, 기술 장비 등—에 대해 생각해봤다. 그들은 암호로 보호된 노트북 컴퓨터 드라이브에 숨겨진 실종 및 감시 장비에 대한 페이지들을 찾아낼지도 모른다. 이메일 비밀번호를 알려달라고 강요하면 어쩌지. 나는 족쇄가 채워진 채 콘크리트로 둘러싸인 감방에 내던져지는 상상을 했다. 미국 정보기관에서 비밀리에 일하고 있다는 내용의 자백서에 서명할 것—신장위구르자치구 정부 대변인은 추후 이를 비난하는 공개 성명[17]을 발표한다—을 강요받으면서 말이다.

자치구 정부 당국은 신장 지역의 원주민들을 변화시키기 위한 시도로서 민간 기술기업과 경찰보조원에게 권한을 외주화했다. 천연자원 경제에서 이윤을 얻어왔던 민간 기업가와 한족 정착민은 동시대 최첨단 기술 시스템의 감시산업을 구현하기 위한 움직임에 동원됐다. 이 디지털 인클로저는 얼굴 스캔 검문소와 스마트폰 스캐너에서 "스마트" 수용소와 공장으로 옮겨졌다.

정부 당국과 관영매체는 이 대규모 수용 캠페인을 "교육을 통한 전환敎育转化"이라고 부른다. 유엔에 제출한 문서에서 중국 당국은 이 제도를 테러리즘 또는 종교적 극단주의 위반이 유죄 수준까지 다다르지 않았거나,[18] 본의 아니게 테러 대응지침을 위반한 적이 있다거나, 테러 행위 혹은 극단주의 관련 범죄를 저질러 구속된 적 있는 신장의 시민들을 위한 "직업훈련 프로그램"이라고 서술하고 있다. 이러한 위반 행위 대부분은 온라인 활동과 모스크(이슬람 사원) 출입과 관련이 있다. 예를 들어 위구르족과 카자흐족을 평가하는 업무를 맡은 공무원들이 활용하는 매뉴얼[19]에서는 베라가 그랬던 것처럼 단순히 인터넷 우회접속 프로그램 VPN을 사용하거나 해외 웹사이트를 방문하는 것을 두고 "테러 행위 수행을 계획하는 것"과 같다고 기술하고 있다. 경찰 내부 보고서는 모스크에 "200번 이상"[20] 방문하면 이슬람교도가 될 것이기에 "교육을 위해" 수용소로 구금되는 결과를 초래한다고 언급하고 있다. 이러한 위협—모스크 입구에 얼굴 스캔 검문소 설치—과 함께 모스크에 방문하는 사람들 숫자는 1년 만에 96퍼센트가 감소했다.

일련의 정책이 시행된 결과로, 중국 당국은 2017년부터 150만 명에 달하는 위구르족, 카자흐족, 후이족 사람들을 중간 수준에서 최고 수준의 보안을 갖춘 "재교육" 수용소에 배치했다. 이는 2차 세계대전 이후 종교 소수집단을 대상으로 한 최대 규모 수용소이다. 300여 개의 수용소[21]와 그 밖에 새롭게 건설되거나 확장된 초법적 구금 시설들로 이루어진 이 군도의 존재는 정부의 입찰 계약과 위성 사진, 연구자 방문, 과거 수용됐던 사람들과 전직 수용소 노동자들과의 인터뷰를 통해 입증되어 왔다. 게다가 공식 문서와 전직 노동자 인터뷰는 중국 정부가 기업에 의해 인센티브화된 강제노동 프로그램과 전례 없는 감시기술의 분산된 네트워크를 활용해서 수용소 밖에 남아 있는 수십만 명의 이슬람교도들로부터 데이터와 노동력을 통제, 추적, 감시, 추출해왔음을 보여준다.

내 인터뷰와 언론 보도에 따르면, 일부 수용자들은 교도소로 이송되기도 했다. 신장위구르자치구 인민검찰원新疆维吾尔自治区人民检察院에 따르면, 2017년부터 2020년까지 신장에서 공식적으로 기소된 사람은 53만 3,000명이 넘는데,[22] 이는 같은 기간 전국 평균보다 6배 높다. 중국 법정의 유죄 판결률은 99퍼센트 이상이기 때문에[23] 거의 모든 형사 기소는 정식 형량을 선고한 것이라고 봐도 무방하다. 노약자 등 수감자의 일부는 공동체community의 감시나 가택 연금 형태로 배치되었으며, 수십만 명 이상이 강압적으로 통제받는 노동의 형태로 수용소 부설 공장에 배치되어 있다. 일반적인 의미에서, 현재 정부 당국과 민간 제조업자들은 이슬람교도들의 일상생활에서 중요한 측면을 통제하고 있다. 이 통제 시스템과 관련된 기술은 국가와 얽힌 영리 산업을 낳았고, 소수민족에 대한 억압은 중앙 및 지방정부에 이익을 가져다주었다. 지난 세기 소수민족을 표적으로 한 포괄적 전체주의 체제와 유사하지만 디지털 감시 시대에 이러한 규모의 시도는 첫 번째로, 식민주의와 재교육 수용소 시스템의 역사에 새로운 현상이 되고 있다.

이 시스템은 2001년 9월 11일 이후 중국 정부가 미국과 그 동맹들로부터 수입해온 무슬림 "테러"와의 전쟁이라는 수사를 전제로 한다. 2017년만 하더라도 신장위구르자치구 당국은 "영국의 모범 사례를 공유함으로써 중국 신장 지역의 성장과 안정을 약화시키는 끔찍한 극단주의의 근본 원인에 맞서기"라 부르는 외교 교류의 일환으로,[24] 영국의 대테러 전문가들을 초빙했다. 중국적 맥락에서 폭력적인 극단주의에 대응하는 것—영국 전문가들은 이를 "예방"이라고 부른다—은 "신뢰할 수 없다"고 간주되는 수십만 명의 무슬림을 수용소와 교도소에 구금하고, 다른 무슬림 성인들의 일터를 그들의 고향에서 멀리 떨어진 곳에 배치하는 것 등을 전제로 한다. 50만 명에 달하는 어린이[25]가 기숙학교에 배정되었다. 대테러의 논리가 인권과 시민권에 대한 우려를 완전히 대체하는 데 사용되면서, 어마어마한 첨단기술의 형벌 식민지가 만들어졌다.

다른 상황에서와 마찬가지로, 테러와의 전쟁에 드는 비용은 대부분 무슬림 자신이 부담했다. 테러와의 연결이 의심되는 무슬림 시민과 같은 "예비 범죄자"의 구금 가능성은 비무슬림에게만 인정된 시민 보호 바깥에 그들을 두는 합법적 기제를 통해 당국이 생산한다. 전 세계의 무슬림이 감시 대상에 올랐다. 종속 인구를 "테러리스트" 범주에 포함하면 국가권력을 정당화하는 동시에 데이터 집약적인 보안감시산업을 생산하는 데 도움이 된다. 이러한 수사법은 베라와 같은 무슬림이 처벌받지 않을 수도 있음을 뜻하는 법적 불확정성의 범주를 만들어냈다. 중국이 가진 차별점은 감시 목록과 재교육 수용소의 방대한 규모 그리고 이 모든 것이 발전된 기술에 의해 만들어지는 방식에 있다.

이 책은 2011년부터 2020년 사이, 신장과 카자흐스탄과 시애틀에서 진행된 24개월 이상에 걸친 인류학적 연구를 바탕으로 한다. 정부 관료와 기타 기술산업의 인사들이 유출해온 수천 건의 검증된 정부 문건과 기술산업 문서들, 중국 경찰의 내부 보고서를 검토했다. 하지만 가장 중요한 추진력은 위구르족, 카자흐족, 후이족 수감자들과 재교육 수용소 노동자들, 시스템 기술자들과 가진 수십 차례의 긴 인터뷰였다. 인터뷰 대상자 중 일부는 가족과의 접촉과 일종의 "출생시민권birthright" 이민 프로그램을 이용해 카자흐스탄 국경을 넘어 도망칠 수 있었던 카자흐인들이었다. 목소리를 내지 않겠다고 당국을 설득해 미국과 유럽행 비행기에 탑승할 수 있었던 사람들은 훨씬 적었다. 이들 중 베라, 바이무라트Baimurat, 켈비누르Qelbinur, 에르바키트Erbaqyt, 굴지라Gulzira 등은 내게 실명을 써도 좋다고 했다. 다른 사람들은 중국에 남아 있는 가족을 보호하기 위해 이름을 바꿔어달라고 요청했다. 이 책은 그들의 이야기이다.

그들이 고국의 기술적 인클로저에 대해 말했을 때, 내게는 재교육 기술이 무슬림을 구금할 수 있도록 만드는 방식이 보였다. 감시 시스템 스스로 예비 범죄라는 유죄 추정[의 원리]을 만들어냈다. 시스템이 이러한 주장을 지어냄에 따라, 많은 무슬림이 국가 프로그램에 대한 충성의 가면을 써서 그들의 도덕적 이의를 숨기게 되었다. 가면이 없던 사람들은 수용소의 불빛과 카메라 아래에서 인간성을 말살당했다. 그들은 플라스틱 의자와 전기봉, 자동화된 학대로 변형되었다. 그들은 가만히 앉아 있고, 적절할 때 몸을 웅크리고, 잠자코 구타를 받아들이고, 크게 노래 부르고, 언제나 미소 짓고, 모든 명령에 "네!"라고 말하도록 훈련받았다. 그들은 화장실로 쓰이는 열린 양동이의 배설물 냄새, 비좁은 공간에서 씻지 않은 몸들이 밀집해 있을 때의 땀, 간수들에 대한 공포를 표명할 수 없도록 길들여졌다. 그들은 한밤중에 번쩍이는 밝은 불빛을 알아차리지 못하게 되었다. 그들은 끊임없는 굶주림을 느끼지 않게 되었다. 그들은 먼 미래나 과거에 대해 생각하지 않게 되었다.

많은 사람들, 특히 자신을 대변할 사람이 없는 수십만 명의 농촌 지역 위구르인들이 여전히 그곳에 있다. 그러나 일부는 디지털 인클로저 아래 "스마트" 공장의 시선에서 자유롭지 못한 노동자로 돌려보내졌다.

과거에 수감되었던 사람들은 억압된 상태에서 무관심의 기계를 공급하고 유지하는 기술자나 수용소 노동자를 탓하지는 않는다고 내게 말했다. 그들은 그러한 시스템을 지시한 상급자, 비참한 자신을 비웃는 자들을 비난한다. 그리고 그들은 기술을 만들어낸 설계자와 엔지니어에게 책임을 묻는다. 그들의 말을 들으면서, 나는 그들이 경험한 비인간화가 적어도 어느 정도는 시애틀에서 베이징을 아우르는 컴퓨터 연구소에서 만들어진 것이라는 불안한 결론에 도달했다.

예비 범죄

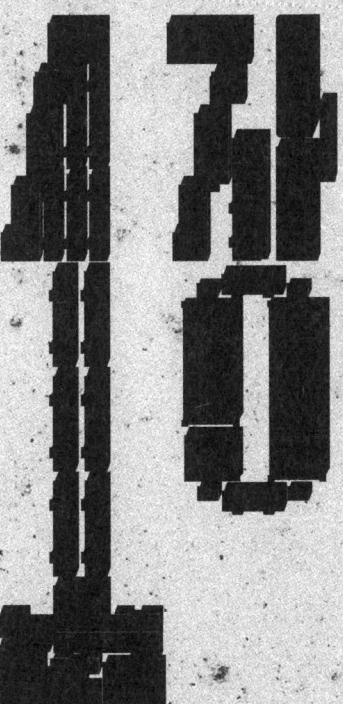

베라 저우는 "테러와의 전쟁"이 자신과 상관있는 일이라고는 생각하지 않았다. 그녀는 자신을 볼드한 디자인의 귀걸이와 시크한 스타일을 선호하는 비종교적 패셔니스타라고 여겼다. 베라는 미국 오리건주 포틀랜드 인근의 고등학교를 졸업했고, 미국 일류 대학에 입학해 도시계획가가 되는 길을 가고 있었다. 졸업 후에는 남자친구와 재회해 중국에서 경력을 쌓을 계획이었는데, 시진핑 영도 아래 중국의 경제가 급속히 발전하고 있다고 생각했기 때문이었다. 비록 신분증은 베라가 무슬림이라고 말하고 있었지만, 아버지와 남자친구가 한족이었기 때문에 자신도 보호받으리라 추측했다. 베라는 2017년 초 이래 자신의 고향을 비롯한 신장 전역에 새로운 인터넷 보안법이 시행되었다[1]는 사실을 알지 못했고, 바로 이것이 자치구 당국이 언급한 극단주의적 "예비 범죄자들"이 구금 대상으로 식별되는 방식²임을 전혀 몰랐다. 그는 새로 임명된 자치구 당서기가 시진핑이 승인한 "인민전쟁"의 일환으로 "체포되어야 하는 모든 사람을 체포하라"³는 명령을 내렸다는 것 역시 알지 못했다.

이제 경찰차 뒷자리에 앉은 베라는 요동치는 두려움과 함께 자신이 통제력을 잃고 있음을 느꼈다. 눈물을 흘리면서 "왜 이러는 거예요? 우리 나라는 무고한 사람을 보호하지 않는 건가요?"라고 소리 질렀다. 마치 공포영화 속 한 배역이 주어진 듯, 이 모든 것은 잔인한 농담처럼 보였다. 베라가 그저 정직하게 말한다면, 그들은 일제히 행동을 멈추고 모든 게 실수였다는 걸 깨닫게 될지도 모른다.

결국 지휘관은 입을 열었다. "입 다물고 있는 게 당신한테 좋을 거야." 베라는 창밖을 내다보며 조용히 흐느꼈다. 남자친구가 탄 차의 불빛을 찾으면서, 이른 아침 햇살이 스치는 초원 지대를 바라보았다. 몇 분 후, 그녀가 내다보고 있던 창문에 안개가 끼기 시작했다. 다른 경찰관들이 아무도 쳐다보지 않을 때, 젊은 경찰보조원이 몸을 구부려 손으로 창문에 서린 김을 조용히 닦았다. 베라는 말했다. "그 순간을 절대 잊지 못할 거예요. 그 상황에서 그가 어떤 동조를 나타낼 순 없었겠지만, 적어도 이 일에 책임이 있는 사람 중 일부는 여전히 인간임을 보여준 몸짓이었죠."

이 짧은 책은 "스마트" 사회 통제의 최첨단에 있는 자동화된 감시 시스템과 복합 디지털 인클로저가 중국에서 활용되는 한정된 사례를 검토함으로써, 세계적으로 뻗어나가는 흐름을 이야기한다. 중국 서북지역에서 일어나고 있는 일은 미국 남부의 접경 수용소, 카슈미르의 디지털 통제, 요르단강 서안지구의 검문소들과 연결되어 있다. 하지만 그 규모와 잔혹성은 주변화된 인구에 대해 예외적인 힘을 가진 다른 지역들을 초월한다. 중국에서 이러한 통제 시스템은 새로운 종류의 노동자를 생산하는 "재교육 기술"이 되어, 베라와 같은 사람들을 물리적으로나 실질적으로 구금하고 있다. 혹은 공식적으로 구금하지 않더라도 얼굴인식 기술과 미리 정의된 데이터세트를 사용하면, 합법적인 치안 체제가 구금되지 않은 주민들을 데이터로 변환할 수 있다. 이는 결국 해당 주민들을 통제된 환경에 적응하도록 강요하여, 자유롭지 못하고 의존적인 노동력이 되게 한다.

그러나 이러한 기술적·물리적 시스템의 지극히 평범한 일상성에도 불구하고, 이 책은 인간이 어떻게 여전히 그 수용을 거부할 수 있을지, 그 존재 서사를 제거할 수 있을지, 이해할 수 없는 폭력을 사유하기 위한 공간을 열어 그에 맞설 것인지 고찰한다. 인간성을 포기하기를 거부하는 순간들—다른 사람을 돌보는 마음으로 창을 닦거나 눈물을 흘리는—은 이 비인간적 시스템의 표면에 구멍을 낸다. 재교육 기계를 버벅거리게 만드는 것은 바로 이러한 행동들이다. 자유롭지 못한 지리멸렬한 상태에서도 사람들이 계속해서 살아갈 수 있게 한다. 프리모 레비Primo Levi가 아우슈비츠에서의 시간을 회상했듯, 좋은 건강 상태와 경찰의 언어를 알아듣는 것과 국제적 동맹을 가진 것 외에도 수용소 시스템을 견뎌내는 일은 주로 "천운"[4]을 근거로 했다. 그러나 이 행운은 고집스러운 의지와 그들 자신의 인간성을 부인하기를 거부하는 것에 따라 형성된다. 책을 쓰면서 나는 이 수용소 시스템과 그 연원 간의 연속성과 단절에 대해 자주 생각했다. 인간성을 잃지 않고 살아남는 사람들의 관점에서, 레비의 경험은 많은 진실을 담고 있다. 베라를 비롯하여 이 책에서 수용소 시스템을 설명하는 다른 많은 사람들은 포기하지 않고 끈질기게 버팀으로써, 유례없는 첨단기술의 감시 속에서도 이따금 공감과 빈틈이 생길 수 있다는 걸 알게 되었다.

이후 몇 달 동안 베라는 쿠이툰시 교외의 옛 경찰서 건물 2층 감방에 다른 열한 명의 무슬림 소수민족 여성과 함께 구속되었다. 그 방에 있던 다른 사람들 역시 베라처럼 사이버상에서 "예비 범죄"를 저질렀다. 한 카자흐족 여성은 카자흐스탄에 있는 사업 파트너들과 연락하기 위해 자신의 스마트폰에 왓츠앱 WhatsApp을 설치했다. 시장에서 스마트폰을 판매하던 한 위구르족 여성은 자신의 신분증을 사용해 여러 고객이 심SIM 카드를 등록하게 했다.

간수들은 베라에게 그가 감옥에 갇힌 게 아니라 "중앙집중화된 통제교육훈련센터"[5]에 있는 것이라고 말했다. 그들이 '중앙화centralized'를 말하기 위해 쓰는 용어 '지쫑集中'은 '집중된 concentrated'을 뜻하기도 하는데, 이는 베라에 대한 중단 없는 통제를 의미했다. 베라는 내게 말했다. "저는 그곳이 일종의 강제 수용소라는 걸 거의 바로 알아차렸어요. 교도관들은 우리에게 아무런 죄가 없다는 걸 알았죠. 우리 방에 있던 사람들 모두는 그 어떤 범죄에 대해서도 결백했습니다. 그들은 그저 영도자들이 무슬림을 가두라고 했기 때문에 우리를 끌고 간 것뿐이었어요." 수용소에서 보낸 첫날, 베라는 고등학교에서 읽었던 홀로코스트에 관한 내용을 동료 수감자들에게 속삭였다. "우리에게 지금 일어나고 있는 일은 안네 프랑크에게 일어났던 것과 똑같아요."

베라가 처음 도착했을 때, 감방에는 아직 카메라 시스템이 설치되어 있지 않았다. 베라는 집단 구금이 시작된 지 7개월이 지날 때까지도 당국이 오래된 경찰서를 새교육 수용소로 개조하는 과정에 있는 것 같다고 느꼈다. "전원이 밥을 먹을 수 있는 그릇조차 충분하지 않았어요. 우리는 나눠 먹어야만 했죠."

부족한 준비 상태에는 나름의 장점이 있었다. 교도관들이 목소리가 닿는 거리에서 벗어날 때마다 수감자들은 서로 이야기를 나눌 수 있었다. 베라는 감방에 있던 어느 젊은 카자흐족 여성이 보통화Mandarin▪를 완벽하게 구사할 수 있는 데다 캐나다 밴쿠

▪ 중국 정부가 지정한 표준 중국어를 말한다. 관화官话 또는 보통화普通话를 가리키며, 영어권에서는 Mandarin Chinese라고 표기한다. 20세기 초중반에는 베이징과 그 인근, 그 밖에 동북지방 일대에서 사용되었으나 건국 이후 표준어 정책에 따라 현재는 (제2 언어 사용인구를 포함해) 9억 명 정도가 사용한다. 방언 사용인구가 광범하게 남아 있는 중국 남부의 한족 인구나, 위구르족·카자흐족 등 소수민족은 여전히 사용하지 않는다. 2014년 통계에 따르면 중국 인구의 30퍼센트(4억여 명)는 보통화로 의사소통이 불가능하다.

버에 있는 한 대학에서 유학한 경험이 있다는 사실을 알게 되었다. 처음 며칠 동안 그들은 모든 것에 대해 이야기했다. "우리는 음식, 그녀가 의사로서 일했던 경험, 책과 영화, 식당 그리고 스페이스 니들Space Needle(시애틀 도심의 랜드마크 타워)에 가본 적이 있는지 등에 대해 말했어요. 마치 우리가 지금 있는 곳이 재교육 수용소가 아닌 것만 같았죠. 수용소는 그저 하룻밤 악몽인가 싶었어요."

감방에 있던 다른 사람들은 가능한 한 그들의 대화를 경청했지만, 나이든 위구르족과 카자흐족 여성들의 모어는 중국어와 너무 달랐기 때문에 그들 대부분은 보통화를 제대로 이해하지 못했다. 이는 교도관들이 감방 벽에 붙은 열 가지 규칙을 암기하도록 지시했을 때 고통스럽게 명백해졌다. 베라는 그들이 다음 구절을 더듬거리며 말했던 것을 상기했다. "오직 국어로 말하라, 애국하라, 조국에 해로운 것에 반대하라, 이 방 안에 종교란 없다, 벽에 걸린 TV를 비롯해 어떤 것도 손상시키지 말라, 싸우지 말라, 누구도 비밀 대화를 할 수 없다, 누구도 다른 방의 교육생들과 대화해선 안 된다, 자신의 의자에 앉아라."■

밤이 되어도 절대 꺼지지 않는 유난히도 밝은 불빛을 올려다보며 대체 무슨 일이 일어나고 있는지 잊기란 힘들었다. 베라는 여전히 사방이 꽉 막힌 감방을 통해 전염병처럼 옮아가던 흐느끼는 울음소리를 잊을 수 없다. "불 켜진 밤이 익숙해지는 데 한

■ 저자는 '열 가지 규칙'이라고 적었으나, 아홉 가지 사례만 나열했다.

달 정도가 걸렸어요."

그가 겨우 덜 힘들게 잠들기 시작할 무렵, 그들은 움직임을 감시하는 최첨단 카메라와 오디오 녹음 시스템[6]을 갖춘 새로운 방으로 옮겨졌다. 시야에 들어오는 밝은 조명을 피하고자 손이나 담요로 가리면, 벽에 달린 스피커에서 교도관의 목소리가 터져 나왔다. 그들은 또한 규정된 수면 시간 외에 침대에 앉으려고 하거나 보통화가 아닌 다른 언어를 사용할 경우 경고를 받았다. 그들은 벽에 달린 모니터로 "재교육" TV 프로그램을 보는 낮 동안에만 플라스틱 의자에 앉거나 서 있는 게 허락됐다.

2018년 1월경 재교육 수용소의 새 건물이 완공된 후,[7] 새로운 수용자들이 극적으로 증가했다. 비록 모든 방을 들어다볼 수는 없었지만, 베라는 최소 600명의 사람들이 수용소에 구금되어 있었다고 추정했다. 이는 쿠이툰시에 있는 카자흐족과 위구르족 성인 인구의 10퍼센트 이상이다.[8] 베라는 그 무렵 마을의 거의 모든 위구르족 가구와 대부분의 카자흐족 가구가 부모를 잃었으리라 생각했다. "당시 그들은 아주 많은 위구르족과 카자흐족 사람들을 데려왔어요. 매일 밤 서너 명씩 들어왔죠. 온 가족이 한자리에 모인 셈이에요. 그 사람들은 콘크리트 바닥에서 자야만 했어요." 그들이 데려온 여성 중 한 명은 젊은 엄마였다. 간수들은 작은 동정의 표시로 아직 젖을 먹이고 있던 아기의 사진을 보관하도록 허락했다. "밤이 되면 그녀는 사진을 보며 울었어요. 교도관들은 이 모습을 카메라로 볼 수 있었기 때문에 스피커를 통해 그녀에게 소리 질렀죠. '다시 또 울면, 사진까지 빼앗아버릴 거야'

하고요."

　수용소의 비인간적 규율은 수감자들을 넌더리 나게 몰았고, 서로를 두려워하게 했다. 베라는 중국 교육제도를 그로테스크하게 패러디한 감방의 "생활 교사"—중국 교육제도에서 흔히 볼 수 있는 "학급 조언자"의 역할을 맡은 민정부 직원—와 사적인 자리를 가졌고, "반장"이라는 과업을 비밀스럽게 배정받았다. "그녀는 저에게 다른 사람들을 몰래 감시하라고 했어요." 베라는 회상했다. "저는 우리 방에 있는 다른 사람들에 대해 나쁜 말을 하지 않으려고 정말 열심히 노력했어요. 하지만 우리 생활 교사는 매주 내게 물었죠. 만약 누군가 규칙을 어기거나 중국어 낭독을 잘하지 못했다면, 전 그저 이 사람 또는 저 사람이 아프다고 말하는 게 전부였어요."

　생활 교사는 수감자들에게 매주 자기비판서 또는 "생각 보고서"를 쓰도록 했다. "수용소에서 가장 끔찍했던 순간 중 하나였죠." 베라는 이렇게 떠올려냈다. 그는 매주 "진보했음"을 보여주지 못하면 이곳을 떠나는 게 허락되지 않으리라는 걸 알았다. 그러나 그렇다고 해서 너무 많은 생각 범죄를 자백해버린다면, 이번에는 징역형을 선고받을 수도 있었다. "한 달에 한 번, 생활 교사는 우리에게 소장과 한 시간 동안 대화할 수 있도록 주선해줬어요. 그 자리에서 우리는 그에게 무엇을 잘못했다고 생각하는지 말해야 했죠. 그가 왜 이런 짓을 했냐고 물으면, '제가 사용한 VPN은 조국의 안전을 지키지 못하게 한다는 걸 알고 있습니다'라고 말했어요. 그럼 그는 말했죠. '왜 이런 짓을 했는지 깊이 생각하고, 마음속 깊은 곳에서 떠오른 이유를 말해봐. 왜 우리가 널 다른 사람들 대신 수용소에 넣었을까? 이유를 말해봐. 넌 조국을 사랑하나?' 너무 강렬했어요. 지금도 이 일에 대해 생각하면 떨려요."

감방으로 돌아온 베라는 위구르족과 카자흐족 동료들이 생각보고서를 쓰는 걸 도왔다. 그는 매번 다른 방식으로 그들의 "예비 범죄"에 대해 썼다. 하지만 그들은 한자를 이해하지 못했고 생활 교사에게 무슨 말을 해야 할지 몰랐기 때문에, 소장 앞으로 갈 기회조차 얻지 못했다.

몇 달이 지나면서 베라는 점점 더 실의에 빠졌다. 그는 다른 사람들에게 쪽지를 건넨 수감자를 보고하기를 거부했기 때문에 반장 역할에서 강등되었다. 남성 교도관들은 쪽지를 쓴 위구르인을 내보냈다. 그들은 그녀를 다시는 보지 못했다. 무념무상의 규칙 낭독, 플라스틱 의자에 앉아 모니터를 통해 재생되는 1학년 수준의 중국어 수업을 듣는 것, 식사 전에 강제로 불러야 했던 애국가는 수용소에서 끝없이 반복되는 사운드트랙이 되었다. 베라는 말했다. "그곳에 있으면서 가장 무서웠던 것은 내가 풀려날지 아닐지 알 수 없다는 점이었어요."

한편 미국에 있던 베라의 어머니 마차이원은 날이 갈수록 점점 더 절박한 심정이 되었다. 경찰의 권한에 대응하는 방편으로서 보건의료와 교육기관의 권위를 이해하고 있던 그는 내게 대학 명의로 베라가 뛰어난 학생이며 시애틀에서 수강해야 하는 수업을 놓치고 있다는 것을 입증하는 편지를 써달라고 부탁했다. 그는 또한 오리건주에 있는 베라의 주치의로부터 전년도에 베라의 건강이 암 투병 후 얼마나 취약해졌는지 설명하는 소견서를 얻어냈다. 번역과 공인 인증을 거친 후 그는 그 문서들을 쿠이툰시에 있는 전 남편에게 보냈다. 베라의 아버지는 무척 두려웠지만, 서한을 수용소에 전달했다.

구금되고 몇 달이 지난 후, 경찰관들은 베라의 등에 총검이 달린 자동 무기를 겨눈 채 시설 바깥으로 데려갔다. 그들은 그녀의 양손을 등 뒤로 묶고 차디찬 미니버스에 앉혔다. 몇 시간 후 그들은 머리에 씌운 두건을 제거하고 피상적인 검사를 해줄 병원으로 그를 데려갔다. 그런 다음 그를 다시 수용소로 데려갔다. "비정상적 사망"에 대한 두려움을 도입함으로써 중국 당국이 수감자의 사망과 수용소의 탈법적 조건에 대한 기밀 누설 금지조항을 묘사하기 위해 사용하는[9] 용어인 "엄격한 비밀"의 위반 가능성을 시사하고자 했던 우리의 시도는 실패한 것처럼 보였다.

그리고 약 한 달 후 베라와 다른 몇몇 수감자들은 지역의 사회공작자들local social stability officers에게 정기적으로 보고하고, 자택 인근을 떠나려고 하지 않는다는 단서 조항을 붙임으로써 풀려났다. 베라가 이웃에 있는 관공서 앞 미니버스에서 내리자 보호관찰관이 이렇게 말했다. "오, 우리가 드디어 널 구했어." 베라는 내게 말했다. "'어떻게 그런 말을 할 수 있지?' 싶더라고요. 절 수용소에 집어넣은 사람 중 한 명이잖아요. 이제 와서 친구인 척하는 거죠."

매주 월요일 베라의 보호관찰관은 그녀에게 근처에 있는 국기 게양식 현장으로 가서 큰 목소리로 애국가를 제창하고 중국 정부에 대한 충성을 맹세하는 글을 발표하라고 요구했다. 이 무렵 사이버 범죄로 구금되었다는 보고들이 널리 유포되었기 때문에, 새로 설치된 자동 인터넷 감시 시스템으로 온라인 활동을 탐지할 수 있다는 사실이 알려졌다.[10] 다른 사람들처럼 베라는 온라인 활동을 재조정했다. 자신에게 배정된 사회공작자가 소셜미디어에 무언가를 공유할 때마다 베라는 언제나 가장 먼저 "좋아요"를 누르고 자신의 계정에 지지 글을 올렸다. 자신이 아는 다른 모든 사람처럼 베라는 적극적으로 국가 이념을 선전함으로써 "긍정적인 에너지를 전파하기"[11] 시작했다.

다시 돌아온 후 베라는 자신이 변했다고 느꼈다. 그는 수용소에서 봤던 수백여 명의 수감자들에 대해 자주 생각했다. 그는 그들 중 많은 사람이 중국어를 모르며 평생에 걸쳐 이슬람교의 교리를 실천해왔기 때문에 결코 그곳에서 나오지 못하는 것은 아닐까 두려워했다. 그는 수용소에서 보낸 시간이 스스로 온전한 정신 상태인지 의심하게 만들었다고 말했다. "가끔은 내가 조국을 충분히 사랑하지 않는 게 아닐까 싶었어요. 나 자신에 대해서만 생각했나 봐요. 어쩌면 충분히 조심스럽지 못했던 것도 같고요. 우리 모두 어느 정도는 이에 대해 생각하기 시작한 것 같아요. 아마 전 당과 국가에 도움이 되지 않았을 거예요. 그저 가족만 돌봤죠. 저는 책임을 다하지 않았어요."

하지만 베라는 자신에게 일어난 일이 자기 잘못이 아니라는 점 또한 알고 있었다. 이슬라모포비아Islamophobia(이슬람 공포증 혹은 혐오증)가 제도화되고 그에게 초점이 맞춰진 결과였다. 비록 한족으로 넘어갈 수도 있지만, 이제 베라는 언제나 "만약에what if"를 생각하게 되었다. 그리고 위구르족과 카자흐족이 그들의 민족적·언어적·종교적 차이로 인해 헤아릴 수조차 없는 학대를 당하고 있다는 것을 완전히 확신했다. 그에 비하면 자신과 같은 후이족 사람들은 좀 나았다.

베라는 아버지 또한 더 조심스러워졌음을 알아차렸다. 예전이라면 아버지는 지역의 사회공작자들과 말다툼을 했을 것이다. 이제 그는 늘 그들을 야단스럽게 맞이한다. 그들이 베라의 진전 상황을 관찰하기 위해 방문하는 동안, "아버지는 언제나 그들의 의견에 동의했다"고 베라는 기억한다. "아버지는 그들에게 '공부가 되니 좋지요'라고 말했어요."

수용소로 끌려가기 전 베라는 신장의 모든 2,500만 거주민과 마찬가지로, "모두를 위한 신체검사"라 불리는 생체인식 데이터 수집 절차를 거쳤다. 경찰은 베라의 얼굴과 홍채를 스캔하고, 목소리 특징을 녹음하고, 혈액과 지문과 DNA를 채취했다. 이 꼼꼼하고 정밀도 높은 데이터는 신장 지역 주민들의 행동을 매핑하는 데 쓰일 거대한 데이터세트에 저장된다.[12] 그들은 또한 베라의 스마트폰을 빼앗아 소셜미디어 계정에서 이슬람 이미지나 외국인과의 연결, 그 밖에 다른 "극단주의" 징후를 훑어봤다. 종내에 그들은 그가 과거에 사용했던 인스타그램과 같은 미국 앱을 삭제하고 돌려주었다.

얼마간 베라는 그 많은 검문소를 피할 수 있는 방법을 찾기 시작했다. 그녀는 한족 행세를 할 수 있고 보통화를 쓸 수 있기 때문에, 보안원들에게 신분증 번호를 잊어버렸다고 말하고 가짜 번호를 적어주었다. 가끔은 한족 사람인 것처럼 경찰을 무시하고 "녹색선"으로 된 검문소 출입통로를 지나쳐 가기도 했다. 그러나 한번은 친구와 영화를 보러 갔을 때, 한족인 척 행세하는 것을 깜빡하고 말았다. 극장 검문소에서 그는 신분증을 스캐너에 집어 넣고 카메라를 들여다봤다. 그러자 즉시 경보음이 울렸고 쇼핑몰의 경찰보조원들은 그녀를 옆쪽으로 끌어냈다. 친구가 군중 속으로 사라지자 베라는 핸드폰을 꺼내 필사적으로 소셜미디어 계정을 삭제하고 자신과의 연계 때문에 구금될지도 모르는 사람들의 연락처를 지워버렸다. "그때 친구들과 함께 있는 게 얼마나 안전하지 않은지 깨달았어요. 그래서 온종일 집에 있기 시작한 거죠."

결국 베라는 수감된 적 있는 다른 사람들과 마찬가지로, 무급 노동자로 일해야 했다. 이웃에 사는 경찰지휘관은 그가 미국에서 대학을 다녔다는 걸 알고, 베라의 보호관찰관에게 자기 아이들의 영어 과외를 맡겨달라고 요청했다. "돈을 달라고 요구해볼까 생각했어요. 하지만 아빠는 무료로 해줘야 한다고 말씀하셨죠. 더구나 제가 그 집을 찾을 때마다 음식을 함께 보내, 얼마나 그들의 기분을 맞추려 열심인지 보여주려고 하셨어요." 지휘관은 어떠한 형태의 지불도 하지 않았다.

베라는 자유가 없는 노동자로서 고립되고 또 개별화되었다. 그는 그 지휘관이 재교육 시스템에서 일하는 동안 그의 아이들을 돌보는 보모가 되었다.

2019년 10월, 베라의 보호관찰관은 그가 보인 발전에 흡족해하며 시애틀로 돌아가 공부를 계속하는 게 허용될 수 있을 것이라고 말했다. 베라는 자신이 겪은 일에 대해 말하지 않겠다고 맹세해야 했다. 관찰관은 말했다. "네 아버지는 좋은 직업을 갖고 있고 곧 정년이 되실 거야. 이것을 기억하도록."

이제 미국으로 돌아온 베라는 팬데믹이 한창일 때 워싱턴대학교에서 학업을 재개했다. 그가 떠나 있던 2년 동안, 중국 출신의 유학생 대부분은 졸업하여 떠나갔다. 베라의 청년기에는 공백이 생겼다. 그는 이 모든 일이 자신의 잘못이 아니라고 반복해서 자신에게 말한다. "아무 이유가 없었어요. 무작위였죠. 이유 같은 건 없었어요."

전화기 참사

카이저Qeyser는 열다섯 살이던 2005년에 처음 전화기를 보았다. 그가 살던 마을에서는 개발도상국에서 흔히 볼 수 있었던 유선전화보다 휴대전화가 먼저 도착했다. "제가 처음 본 전화기는 우리 마을 단위单位, work brigade unit ■의 부주석이 쓰는 핸드폰이었어요." 카이저는 회상했다. "꽤 단순했지만, 제게는 정말 복잡해 보였어요. 모든 숫자와 문자가 있었죠. '어떻게 통화와 메시지 작성을 동시에 할 수 있지?' 생각했어요." 이 순간은 카이저의 기

■ 신장위구르자치구는 개혁개방과 함께 해체된 중국 단위체제와는 별개로, 한족 정착민을 위주로 한 신장생산건설단에 의해 건설되고 관리되어 왔다. 건설단은 서북지방에 대한 중국 한족의 역사적 시각을 반영한다. 이 건설단은 14개 지역별 '사师'로 나누어져 있고, 각 '사'에는 5~16개의 직할 단위가 있다. 본문의 '단위'는 이 기층 단위를 지칭하는 것으로 보인다.

억 속에 새겨졌다. 이는 또한 위구르족 마을에 미래가 다가오고 있음을 의미했다. 그와 다른 어린이들, 청소년들은 이곳저곳 신호를 찾아 자리를 옮기는 공산당 지도자를 따라다녔다. "그는 전화기 반대편에 있는 사람에게 큰 소리로 말하면서 자랑했어요. 마법 같았죠. 그가 스피커 기능을 켜면 우리는 모두 반대편에 있는 사람에게 큰 소리로 떠들기 시작했어요."

2007년에는 마을에 유선전화망이 설치되었다. 서비스를 이용할 여유가 있는 사람들은 "집 전화"를 설치하고 이웃들에게 사용료를 부과했다. "많은 사람들이 돈을 벌기 위해 집 전화를 사용했어요." 카이저는 떠올렸다. "사람들이 통화를 하면 요금을 부과했죠. 1분에 10마오, 5분에 50마오.■ 정말 흥미로운 시기였어요. 만약 친구 집에 갔는데 거기 전화기가 있다면, 우린 수화기를 귀에 대고 소리를 들으려 했어요. 마치 중요한 사업가라도 된 것처럼 통화하는 척을 했죠. 재미있었어요."

2008년 기본 서비스를 위한 기지국 신호가 마을에 도달하자 카이저의 가족을 비롯한 많은 이들은 단순한 디자인의 노키아Nokia를 구입했다. 하지만 당시 핸드폰은 단지 의사소통을 위한 수단이었지, 인터넷 접속이 되지는 않았다. "아무도 어떻게 메시지를 주고받는지 몰랐어요. 사람들 대부분은 3G가 도입된 2010년까지 메시지나 사진을 주고받는 방법을 알지 못했죠." 카

■ '마오毛'는 일상에서 '자오角'를 칭하는 말로, 화폐단위다. 1자오는 1위안의 10분의 1로 한화 18원에, 10자오는 180원에, 50자오는 900원에 상당한다.

이저는 내게 말했다.

우루무치에서 대학을 다니던 시절, 담배 연기 가득한 PC방the internet cafes에서 카이저는 처음으로 소셜미디어에 대해 알게 되었다. 줄줄이 늘어선 박스형 데스크톱 컴퓨터의 모니터에 뜬 큐큐QQ라는 플랫폼은 그에게 온라인 페르소나를 만들 기회를 안겨주었다. 마이스페이스MySpace와 페이스북Facebook의 일부 기능을 모방해 만든 QQ는 소셜 네트워킹을 실험해볼 수 있는 최초의 플랫폼이었다. "모두가 자신이 누구인지 세계에 드러낼 수 있는 홈페이지를 만들고 싶어 했어요." 카이저는 말했다. "우리는 희망과 꿈을 표현하기 위해 아름다운 인물과 장소의 사진을 많이 선택했죠." 도시의 위구르족 청년들은 밤새도록 PC방에서 게임을 하고, QQ 채팅방에 잠수해 시간을 보냈다. 그러나 컴퓨터는 여전히 대세가 아니었다. 대신, 소수의 이주민(농민공)과 도시민들은 인터넷을 탐구하기 시작했다. 위구르어로 아랍 문자를 입력하는 소프트웨어가 막 개발되고 있었고, 키보드를 사용해 타이핑하는 방법을 교육받은 위구르인이 거의 없었기 때문에 인터넷과 인터넷이 제공하는 지식의 세계는 여전히 지평선 위에 남아 있었다. 그렇지 않으면 중국어 텍스트를 통해 필터링되었다.

2009년 늦은 봄, QQ와 페이스북을 모방한 또 다른 중국 앱 런런人人에서 위구르족 노동자들을 린치하는 거친 이미지와 영상, 텍스트 메시지가 유포됐다. 정부의 노동력 이전 프로그램의 일환으로 중국 동부에 자리한 한 공장으로 옮겨진 노동자들에 대한 공격은 초기 위구르 인터넷 세계에서 짧은 기간 동안 돌풍을 일으켰다.¹ 위구르인들은 사진을 보기 위해 PC방으로 몰려들었고, 정부의 미흡한 대응을 두고 열변을 토했다. 학생들은 행진을 조직해 중국 국기를 흔들며, 위구르족 여러 명을 죽게 하고 수십 명을 구타한 한족 노동자들을 체포할 것을 요구했다. 결국 경찰은 시위대를 향해 발포했고, 이는 도시 전역의 폭동을 촉발시켰다. 이틀에 걸쳐 위구르족 이민자들은 130명 이상의 한족 사람들을 때려죽였다. 다음 날 무장경찰과 군대가 도시로 진입하자 한족 이주민들은 식칼과 인도에서 뜯어낸 벽돌, 뾰족한 막대기를 동원한 백병전을 경찰이 지켜보는 동안 수십 명의 위구르인을 때려죽였다. 한밤중에 목격자들은 위구르족이 다수인 지역의 거리 사이로 울려 퍼지는 경찰의 자동소총 소리를 들었다.

그 후로 몇 주 동안 경찰은 폭동에 가담한 혐의로 기소된 수천 명의 위구르인을 체포했다. 지방정부는 신장자치구 전역에 걸쳐 인터넷을 차단했다. 2010년대 중반에 인터넷이 다시 등장하기 전까지 9개월 넘게 이 지역의 통신은 엄격하게 제한되었다. 그리고 이제 3G 통신망이 새로 설치되면서 신장 전역의 마을에서 수백만 명의 위구르인이 온라인에 접속할 수 있게 되었다. 저렴한 중국산 스마트폰의 직관적인 디자인 덕분에 기술 교육을 거의 받지 못한 농민들도 어렵지 않게 소통의 세계로 향할 수 있었다.

디지털 인간이 되기 위한 이러한 과정은 텐센트Tencent가 개발한 스마트폰 전용 앱 위챗微信, WeChat의 등장과 함께 극적으로 가속화되었다. 왓츠앱과 트위터Twitter의 일부 기능을 합친 이 앱은 약 12억 명의 사용자가 있을 정도로, 전 세계에서 가장 널리 사용되는 소셜미디어 플랫폼 중 하나가 되었다. 2009년 페이스북과 트위터를 비롯해 기타 모든 비중국산 앱이 중국 전역에서 차단된 이후, 위구르인 인터넷 사용자들은 온라인 소통을 위챗에 집중시켰다. 그리고 앱에서 위구르어로 녹음된 음성 메모를 보낼 수 있었기 때문에, 위구르어 키보드 문제나 부족한 타이핑 훈련은 더는 문제가 되지 않았다. 불과 몇 년 사이에 수백만 명의 위구르인이 스마트폰을 구입하고 매일 이 앱을 사용하여 친구들과의 네트워크를 구축하게 되었다. 게다가 그들은 음성 메모 기능을 통해 적어도 부분적으로는 정부 당국의 검열 역량 밖에서[2] 위구르어로 대화를 나눌 수 있다는 사실을 발견해냈다.

위구르족, 카자흐족, 후이족 등은 위챗 포럼을 활용해 지역사회 바깥에서 종교와 문화 지식, 정치 사건, 경제적 기회에 대해 논의하기 시작했다. 불과 몇 년 사이에 신장 지역과 튀르키예, 우즈베키스탄 같은 이슬람 세계 어딘가에 기반을 둔 온라인 이슬람 교사들이 위구르의 위챗 전반에 걸쳐 영향력을 갖게 되었다. 그들의 메시지는 주로 이슬람 신앙에 집중되었다. 그들은 할랄이 어떤 유형의 실천인지, 사람들은 어떻게 옷을 입고 기도해야 하는지에 대해 설명했다. 학자인 레이철 해리스Rachel Harris와 아지즈 이자Aziz Isa에 따르면 스마트폰으로 이슬람교를 공부하기 시작한[3] 사람들 대다수는 단순히 동시대 무슬림이 무엇을 의미하는지 설명하는 데 관심이 있었는데, 이는 정부가 검열하는 국영 이슬람 사원에서는 부족하다고 느끼는 것이었다.

카이저 또래 젊은 위구르족 이주민들은 위챗을 사용해서 경제적 기회를 찾고, 이스탄불 게지Gezi 공원의 시위 소식을 팔로우하고, 이슬람 신앙 운동에 참여했다. 이들 중 다수가 도시에서 안정적인 일자리를 찾기 위해 고군분투했는데, 위챗은 그들에게 사회적 역할을 찾을 수 있는 공동체 네트워크를 제공했다. 앱의 음성대화 기능은 높은 수준의 컴퓨터 활용능력을 요구하지 않았고 데이터 요금제는 상대적으로 저렴했기에, 스마트폰 사용이 그들 일상생활의 기초적인 뼈대를 형성하기 시작했다. 애초 그들 대부분은 신장 지역과 중국 곳곳에서 벌어지고 있는 산발적인 폭력 공격 및 시위가 이슬람 혐오라는 렌즈를 통해 종교적 신앙의 결과물로 해석될 수 있다는 것을 알지 못했다. 당시 나와 이야기를 나누었던 위구르족 청년들은 온라인에서의 상대적인 자유가 대체로 정부 당국과 중국 기술산업이 위구르 구어와 문어를 평가하지 못하는 상태의 산물일 뿐이지, 더 많은 자기 결정권에 대한 초대는 아니라는 사실을 깨닫지 못했다.

▮▮▮ 테러와의 인민전쟁 ▮▮▮

중국 관료들과 다수의 비이슬람교도 시민들은 이 디지털 현상에 대해 다른 견해를 갖고 있다. 그들은 젊은 남성들이 수염을 기르고 하루에 다섯 번씩 기도하는 등 외모와 관례가 변화하는 것을 두고, 그간 자신들이 "극단화"라고 묘사해온 징후로 간주했다. 자치구 당국은 "중국판 9.11"[4]로 여겨졌던 쿤밍시 자살폭탄

테러와 같은 폭력 사건을 정부 관리들이 내게 말한 바 있는 "탈레반화" 과정[5]과 연관 짓기 시작했다. 마찬가지로, 이슬람 국가의 부상에 대한 언론의 보도는 지방정부 관리들이 임박한 위협으로 느끼기에 충분했다. 중국 당국은 이에 대응해 "테러와의 인민전쟁"[6]을 선포했다. 그들은 위구르족과 카자흐족, 후이족을 평가하고자 대규모 정보 수집을 강조하는 군사 교전의 방식으로서, 대테러전의 기법[7]을 사용하기 시작했다. 그들은 숨어 있는 테러리스트들이 그득하다고 믿었다.

자치구 당국은 이슬람 극단주의에 관한 75가지 징후 항목[8]을 배포하기 시작했다. 종교적 콘텐츠가 담긴 디지털 파일의 보유, VPN 사용, 또는 왓츠앱—2014년 페이스북이 인수한 암호화된 소셜미디어 플랫폼—설치 등은 구금으로 이어질 수 있는 "예비범죄"로 분류되었다. 왓츠앱은 카자흐스탄과 튀르키예에서 가장 널리 사용되는 앱이었기 때문에, 당국은 이 앱을 쓰는 위구르인이 중국 인터넷 검열 및 감시 시스템 밖에서 무슬림 세계와 관계 맺기를 시도하고 있다고 추정했다. 애초 자치구 당국은 이러한 기술의 활용을 탐지할 역량을 갖고 있지 않았기 때문에, 많은 위구르인과 카자흐인은 금지 조치가 발표되었다는 소식을 들었다고 하더라도 강제되지는 않으리라 생각했다. 공표되었지만 시행되지 않는 다른 많은 [유명무실한] 규정들과 같으리라 추측한 것이다. 그러나 "인민전쟁"이 본격화되자, 자치구 당국은 사이버 공간의 치안 유지를 민간 기업에 외주화하기 시작했다.

널리 공유된 뉴스 보도에서 거대한 소매업 플랫폼인 알리바바

阿里巴巴, Alibaba—얼굴인식 기술 분야의 선도적 기업인 메그비 旷视, Megvii의 초기 투자자로서, 이 회사의 성장에 대해서는 마지막 장에서 이야기할 것이다—는 통화, 교통, 쇼핑, 데이트, 이메일, 채팅 기록, 영상, 언어, 음성지문 감지에 대한 알고리즘 평가를 통해 국내의 "테러" 위협에 대처하는 새로운 역할에 대해 설파했다. 음성인식 기술기업 아이플라이텍科大讯飞, iFLYTEK—디지털 포렌식 기업 메이야 피코와 파이버홈의 핵심 파트너—과 마찬가지로, 알리바바는 서구의 상대 기업이라 할 수 있는 아마존과 구글이 미국에서의 테러 대응에 있어 이슬람계 미국인 시민들을 감시하는 역할을 하고 있다는 점에 주목했다. 그들은 이슬람 테러에 대한 중국의 국내 전쟁을 치르는 데 있어서 자신들이 유사한 역할을 맡을 때가 되었다고 덧붙였다.

중국의 기술기업들은 중국판 CIA인 국가안전부中华人民共和国国家安全部가 9.11 이후 수립한 치안 유지 프로그램인 금순공정金盾工程을 이용하고 있다. 그들은 또한 미국 정부가 감시 목록을 만들기 위해 미국과 전 세계의 소셜미디어에서 데이터를 수집하고 평가해 만든 대량 데이터 분석 프로젝트 프리즘PRISM에 대한 에드워드 스노든Edward Snowden의 폭로에 주목했다. 그리고 실시간으로 사람들을 감시하는 데이터 분석 기업 팔란티르Palantir와 같은 미 정부 하청 기업[9]의 기술을 중국 서북지방의 맥락에 맞추어 적용하기 시작했다.

중국 기술기업들은 마오주의 유산인 국영 기업에 의존하기보다는, 경제적 및 정치적 도전에 더 민감하게 반응하는 것으로 여겨지는 민관 협력으로 중국 경제가 전환하는 흐름을 이용하고자 했다. 그들은 테러와의 인민전쟁에 돌입하자마자 중앙정부와 지방정부에 감시 "솔루션"을 제시했다. 2017년까지 중국 정부는 전국적으로 광범위한 인프라 프로젝트에서 2조 6,000억 달러 이상을 민간 파트너십에 투자했다. 일부 추정치에 따르면 중국의 보안기술산업은 총 1,000억 달러에 육박했고, 산업의 50퍼센트 이상[10]이 국내 보안 엔지니어링 프로젝트에 집중되어 있다.

신장에서 국가는 인프라 건설을 위해[11] 약 650억 달러의 수의 계약을 체결했고, 신장 지역의 정부 기관들에 1,600억 달러 이상을 제공했다. 이는 2016년보다 50퍼센트 증가한 수치다. 신규 투자는 신장 지역을 국가 자본의 가장 큰 수령자 중 하나로 만들었다.[12] 건설 부문 지출의 증가 중 일부가 보안과 무관한 사업에 집중되는 동안 신장 내 국가 지출의 상당 부분은 구금 시설과 관련된 인프라 건설에 집중되었다.[13] 자치구 협력 업체들은 지역 내 감시 시스템과 무슬림 "재교육" 캠페인의 새로운 도구[14]를 개발하기 위해 자금을 사용하기도 했다. 2017년 말 정부가 프로젝트 중 일부에 대한 자금을 동결했지만, 2018년까지 신장 내 보안 및 정보 기술 시장은 약 80억 달러로 성장했으며 1,400개에 가까운 민간 기업들이 수익성 있는 계약을 놓고 서로 경쟁했다.[15]

중국 경제 전반에 걸쳐 공공 서비스의 민간 계약이 만연해지면서 기술 분야, 특히 인공지능 분야에서 시장 구조가 형성되었는데 이러한 기업 성장은 정치적 목적을 달성하고자 기술을 이용하는 국가 주도의 인프라 프로젝트와 가깝게 연결되어 있다.

마틴 베라자Martin Beraja와 데이비드 양David Y. Yang, 노암 유흐트만Noam Yuchtman이 중국 내 공공 치안 유지 활동에 활용되는 민간 기술에 대한 대규모 연구를 통해 보여주었듯, 데이터 집약적인 기술에 대한 국가 자본 투자[16]는 이미지 및 얼굴인식에 초점을 맞추는 민간 컴퓨터 비전 기업의 성공에 필수적이다. 해당 연구에서 베라자 등은 "데이터가 풍부한 공공 보안 계약과 데이터가 부족한 공공 보안 계약을 받아들인 기업의 소프트웨어 생산 증가치를 비교함으로써 정부 데이터에 대한 접근의 인과적 효과"를 입증했고, 결국 이러한 시장 구조의 경제적 효과를 보여주었다. 궁극적으로 그들은 중국 기술산업이 특히 신장의 감시 프로젝트에 사용되는 국가 자본을 통해, 그리고 반복적인 과정에서 중국의 다른 곳과 신실크로드에 구축된 감시 시스템에 의해 형성되고 있음을 보여준다. 중국 기술기업이 얼굴인식 기술에 있어서 유럽과 북미에 기반한 많은 회사를 추월할 수 있었던 것은 바로 이 때문이다.

ⅠⅠⅠ 검문소들 ⅠⅠⅠ

이러한 시스템이 준비되는 동안 테러와의 인민전쟁은 더욱 격렬해졌다. 초기에 이 캠페인은 다른 인터넷 사용자들의 사이버 범죄를 신고하는 네티즌들에 부분적으로 의존했다. 지방정부 당국은 "극단주의자나 테러리스트, 또는 분리주의자"의 온라인 행위에 대해 형사상 유죄판결이 이루어질 때마다 약 300달러의 보상금을 제공했다.[17] 이와 같은 시민들 간의 치안 유지 제도[18]는 자치구 정부가 표적화된 검사를 수행하기 위해 데이터 경찰을 고용하기 시작한 이후에도 계속됐다.

카이저와 같은 젊은 위구르인들에게 "인민전쟁"은 자신과 아무 상관이 없는 것처럼 보였다. 인터넷 기술을 사용하는 일이 편안해지자, 세계는 그 어느 때보다 열리고 있었다. 소셜미디어는 카이저에게 교양 있는 도시적 페르소나를 계발하고, 그를 둘러싼 세계에 영향을 미칠 수 있게 해주었다. "저는 위챗을 정말 좋아했어요." 카이저는 내게 말했다. "다른 사람들의 '모멘트朋友圈, moments'를 볼 수 있고, 그룹 채팅도 할 수 있잖아요. 인터넷만 연결되어 있으면 어디에 있든 영상을 보낼 수 있고, 원한다면 영상 통화도 할 수 있었죠." 카이저는 LG 스마트폰 데이터 요금제로 매달 200위안(약 3만 2,000원)을 썼는데, 매달 음식이나 옷에 지출하는 돈보다 많은 금액이었다. 또 그는 자신이 만든 짧은 영상들을 위챗의 숏츠 포럼微信视频号, short-film forums에 공개하기 시작했다. 가장 많은 인기를 얻은 영상은 입소문을 타서 80만 이상의 조회 수를 올리기도 했다. 다른 많은 위구르인 청년들처럼 그는 위구르 세계에서 사회적 역할의 필수 요소로 위챗을 보게 됐다.

카이저는 자신을 곤경에 빠뜨릴 수도 있는 정치적 내용을 게시하기도 했지만, 학교 관리자들에게 매우 면밀하게 관찰을 받은 학생이었기에 이슬람을 공부하고자 휴대폰을 사용하는 일만

큼은 두려워했다. "저는 위챗을 통해 코란을 공부한 적은 없지만, 우리 마을에서 많은 사람들이 그렇게 했다는 걸 알고 있어요. 많은 이들은 이슬람교의 교리나 타블리기 자마아트를 핸드폰에 다운로드하거나 공유했어요. 저도 다른 누군가의 컴퓨터로 위구르 정치에 대한 영상들을 좀 보기도 했죠. 가끔 우리는 유튜브에 접속하기 위해 코드를 사용하곤 했어요. 그땐 인터넷에 흔적을 남기는 게 그렇게 위험한 일인 줄 몰랐어요. 우리는 그저 위구르에 대한 뉴스를 보고 싶었을 뿐이에요. 아니면 튀르키예 TV쇼를 보거나요. 아니면 중국 정부가 쓰지 않은 위구르 역사에 대한 무언가를요."

2014년 가을, 시내에 있는 카이저의 학교 관리자들은 총회를 소집해 모든 학생에게 그들의 핸드폰을 제출하라고 요구했다. 카이저는 공포에 떨었다. 위구르족 지식인 일함 토티 Ilham Tohti[19]가 고향에 대한 중국의 식민지화를 비판하는 정책 권고안을 발표해 종신형을 선고받은 뉴스 기사를 공유했기 때문이다. "그냥 태연한 척 행동했어요. 하지만 심장은 뛰고 있었죠. 다행히도 선생님은 제 위챗을 자세히 확인하지 않으셨어요. 반면 다른 친구는 누군가 그에게 보냈던 2009년 시위에 대한 내용을 지우지 않았다는 이유로 체포되었죠. 그는 구금 시설에서 9개월을 보냈어요. 얻어맞고 고문을 당했죠. 그들은 자신들이 유죄라고 지목한 모든 걸 친구가 자백하도록 했어요. 바로 이 기록 때문에 친구가 지금 수용소에 있다고 생각해요."

2015년 내가 카이저의 마을에 방문했을 때, 현지 경찰은 내게 핸드폰 잠금장치를 해제하고 자신들이 들여다볼 수 있게 해달라고 요구했다. 그들은 내 사진과 위챗 계정을 훑어봤지만, 왓츠앱이나 페이스북을 작동시키는 방법은 모르는 것처럼 보였다. 내가 VPN을 설치한 것도 눈치채지 못한 것 같았다. 몇 분 동안 이리저리 살펴본 후, 그들은 내가 그저 유효 비자로 신장에 살고 있는 연구원일 뿐이라고 확신하고 핸드폰을 돌려줬다.

2016년에 스마트폰 검사는 훨씬 더 정교해졌다. "경찰은 우리에게 버스에서 내리라고도 지시했어요." 카이저가 말했다. "신장에 거주지가 있는 사람들은 검문소 앞에 줄을 서서 얼굴을 스캔했고, 그러고 나면 경찰은 핸드폰을 요구해서 스캐너에 연결했죠."

이런 일이 처음 일어났을 때 카이저는 핸드폰 전원이 꺼진 척을 했다고 한다. 아마도 그가 교양 있는 비무슬림 대학생처럼 보였기 때문인지, 경찰관은 검사도 하지 않고 그를 풀어주었다. "오래전에 삭제했더라도 그들은 무엇이건 다시 찾을 수 있다고 친구들이 말해줘서 알고 있었어요." 카이저는 검문소를 통과해야 할 때는 핸드폰을 소지하지 않았다. 그리고 새로운 아이폰을 구매했는데, 듣자 하니 아이폰은 스캔하기가 훨씬 어려웠다. 모든 위구르인이 "안전 유지"를 위해 여권을 당국에 반납하고 베라와 같은 "예비 테러리스트"에 대한 대량 구금이 이루어지기 고작 몇 달 전에, 나는 카이저가 중국을 떠날 계획을 세우는 걸 도왔다.

북미의 안전한 곳에서 카이저는 자신의 형과 친척 수십 명이 새로 생긴 수용소 중 한 곳으로 보내졌다는 사실을 알게 되었다.

"제가 아는 많은 사람들이 핸드폰으로 이슬람의 메시지를 듣거나 [알고리즘] 기계가 '분리주의자'로 간주하는 이야기를 공유했다는 이유로 체포됐어요. 젊은 사람들 대부분도 종교 모임에 참석해 기도하거나 핸드폰으로 무언가를 들었다는 이유만으로 체포되었죠. 저희 엄마는 이걸 '전화기 대참사telepon balasi'라고 불러요."

ⅠⅠⅠ 디지털 인클로저 ⅠⅠⅠ

위구르족, 카자흐족, 후이족의 삶을 감싼 디지털 감시와 인클로저 시스템은 스마트폰을 추적 장치로 바꾸었다. 2005년 2G 셀룰러 무선 네트워크 구축으로 시작된 시스템은 디지털 오버레이로 확장되었는데, 기술기업과 자치구 당국에 보다 은밀한 방식으로 움직임과 행위를 감시하고 통제할 수 있는 능력을 부여했다. 커뮤니케이션 학자 마크 안드레예비치Mark Andrejevic가 북미에서 감시 자본주의 시스템이 작동하는 방식에 대해 언급했듯이, 디지털 인클로저는 셀룰러 네트워크의 통신탑에만 전속되지 않는다.[20] 대신, GPS 추적 기능이 스마트폰이나 자동화된 생체인식 시스템에 내장됨에 따라 "사물인터넷"이 움직임의 패턴을 가늠하기 시작했다. 그 결과, 디지털 인클로저는 다차원적인 복합 매트릭스complex matrix가 되었다.

베라의 고향과 카이저의 마을에서 중국이동통신China Mobile

셀룰러망은 위챗을 쓰는 사람들에게 서비스를 제공했고, 사용자 활동을 추적해 중국 당국이 활용할 수 있게 했다. 중국 당국은 키워드 검색을 이용해 포럼 토론과 메시지를 필터링했다.

핸드폰 앱과 연동된 바이두百度, Baidu의 매핑 시스템은 GPS를 활용해 그들의 움직임을 추적했다. 그리고 이 데이터는 검문소의 얼굴 스캔과 신분증 검사를 통해 확인되었다. 이것으로 충분하지 않은 경우, 정부의 도급업체 중국전자과기집단공사中国电子科技集团公司가 구축하고 서비스하는 검문소의 데이터 도어[21]는 얼굴과 신분증을 스캔한 사람에게 스마트폰이 등록되어 있는지 확인했다. 교통량이 많은 지역에서 지방정부 당국은 센스타임商汤科技, Sensetime, 하이크비전海康威视, HikVision, 다후아大華科技, Dahua, 이투依图科技, Yitu 등과 같은 중국 최고의 카메라 및 얼굴인식 기업들[22]이 구축한 "실시간 허가"와 "얼굴 추적 카메라 시스템"을 사용하였다.

이러한 상시적 상호작용 감시 장치는 카이저가 피하려고 분투했던 스마트폰 소프트웨어 및 콘텐츠 기록에 대한 자동화된 (플러그인) 평가를 통해 데이터를 강제로 수집함으로써 보완되었다. 무슬림 가정의 사찰에서는 승인받지 않은 전자 기기를 스캔하기 위해 금속탐지기를 사용했다. 지역의 정보 담당자들은 금융 기록과 의료 기록, 가계 신고 데이터를 바탕으로 이력 평가를 입력한다. 이 모든 다양한 형태의 정보는 유례없는 규모와 깊이의 디지털 인클로저를 낳았다.

베라가 붙잡혀 있던 수용소 인근이자, 카이저의 마을에서 산들을 가로지르는 곳에 위치한 타청지구 샤완시沙湾市에서 당국은 "안전도시" 시스템▪²³ 구축에 착수했다. 이 프로젝트와 신장 전역에 세워진 유사한 프로젝트들은 해당 현과 그 인근 현에 등기된 개인을 검색할 수 있도록 하기 위해 노력했다. 경찰은 감시 대상 명단에 있거나 다른 현에서 온 사람일 경우, 누구든 자동으로 이동 경보를 받을 수 있다.

이 시스템은 적어도 제안된 계획에 따르면, 페이스++Face++라고 불리는 메그비 알고리즘에 의해 지원되게끔 설계되었다. 이 알고리즘은 [자동차] 번호판과 같은 물체 정보를 평가할 뿐만 아니라 사람의 얼굴, 심지어 사람과 관련된 신체 특징이나 액세서리까지 인식하도록 설계되었다. 그런 다음 이렇게 식별된 사람들을 추적하는 안전도시 시스템은 다른 소셜 데이터를 수집하면서, 동시에 "통신 행위, 숙박 행위, 이주 행위, 금융 행위, 소비 행위, 운전 행위, 행정 위반 등과 같은 인간의 행위 정보를 추적"했다. 이 모든 데이터를 종합해 개개인의 특정한 디지털 초상화와 소셜네트워크 내에서의 위치를 구축한 것이다. 시간이 흐름에 따라

▪ 유럽연합 산하 보안연구소가 2020년 5월에 발표한 보고서 〈도시의 분리화를 향해?: 코로나19 시대 중국의 안전도시에 대한 야망TOWARDS URBAN DECOUPLING? CHINA'S SMART CITY AMBITIONS AT THE TIME OF COVID-19〉에 따르면 '스마트시티'란 에너지망에서 교통·이동 및 주차용 시스템에 이르기까지 도시기반시설 및 서비스 향상을 위한 기술의 이용과 관련된 것으로, 2015년 시진핑 국가 주석이 '전국도시화회의'에서 계획을 승인한 이후 중국 전역에 걸쳐 스마트시티의 개발을 대대적으로 장려하고 있다. 2019년 1월 기준 500개의 "스마트시티 시범 프로젝트"를 건설 중이다. 스마트시티에 대한 이러한 정의는 처음에는 '안전도시'와 국가 보안 당국을 위한 감시 네트워크 개발에 동화되었다.

누가 누구와 관련되어 있는지, 그들의 전형적인 행동 패턴이 무엇인지 계산해낼 수 있게 되었다. 무슬림을 평가할 때 그들의 행동과 관계에서 일탈의 징후를 감시했다. 시스템의 정확도는 인물 사진 인식과 이미 캡처해둔 이미지의 분석을 수행하는 비교 기술에 의존했는데, 미국 경찰서에서 사용하는 클리어뷰 AI Clearview AI의 소프트웨어와 유사했다.[24] 모스크나 버스 정류장 같은 "고위험" 구역에서는 실시간 영상 분석을 사용했는데, 이는 일본 기업 NEC가 지원하는 런던의 영상감시 프로젝트[25] "예방 Prevent"과 유사했다.

소수민족에게 불균형적으로 위해를 가하는 서구의 경찰 시스템과 중국의 경찰 시스템 사이에는 일부 유사짐도 있고 상당한 차이점도 있다. 신장에서는 카메라 네트워크의 밀도가 훨씬 더 높고, 검문소와 데이터 감시도 지원되며, 모든 지역 주민은 포괄적인 "공공 보건" 계획의 일환으로 당국에 생체 정보를 제출했다.[26] 알고리즘이 훈련되는 데이트세트의 정확성과 규모 때문에 신장자치구 당국의 도구들은 훨씬 더 미세하게 조정되었고 급속히 퍼졌다. 당국은 신장의 모든 주민에게 국가가 발급하는 신분증을 새로 등록하도록 강제했기 때문에 모든 사람의 고화질 얼굴 이미지가 담긴 기초 저장고를 보유하고 있다. 게다가 그들은 검문소를 통과하는 주민들의 얼굴 이미지 수천만 장을 수집해왔다. Face++와 이투나 센스타임 같은 기업의 유사 알고리즘은 매우 빠르게 실행된다. 샤완에서의 연구 조사에 따르면 0.8초 만에 얼굴의 일치 여부를 확인하고,[27] 최대 30만 명의 대상자들과 관련된 알림 경보를 등록 및 기록할 수 있다. 만약 기술자들이 0.2초만 더 기다릴 용의가 있다면, 최대 50만 명에 대해서까지 작업을 수행할 수도 있다.

인클로저 시스템의 설계와 구현의 상당 부분은 통치의 효율성을 제고하는 것으로 나타났다. 2018년 이래 샤완의 행정 시스템은 스마트폰 기반의 디지털 모델[28]로 전환되었다. 스마트폰을 기반으로 한 다양한 얼굴인식 기술은 이 시스템이 개인의 행동을 추적할 수 있게 했는데, 정부가 발급하는 얼굴 스캔 중심의 신분증 시스템으로 시작되었다. 2018년 중반에 이르러서는 분실된 신분증을 대체할 때 스마트폰 카메라를 사용해 신청자의 얼굴을 스캔함으로써[29] 온라인상에서 신청할 수 있게 했다. 샤완시 주민들은 사회보장 혜택[30]을 받기 위해 새로운 얼굴 스캔 앱을 사용해야 했다. 그리고 인접한 검문소를 통과[31]하기 위해서는 또 다른 얼굴인식 앱을 설치해야 했다. 심지어 촌민소조村民小組[32]도 마을의 작업 효율성을 감시하기 위해 앱을 설치했다. 이 모든 데이터는 보다 광범한 안전도시 시스템에 통합되었다.

많은 경우 새로운 기술은 환영받는 것처럼 보인다. 예를 들어 샤완시의 한 부동산 기업은 편리성과 보안성의 관점에서 얼굴

■ 중국의 행정체계에서 촌민위원회는 기층 차원의 자치조직으로, 촌 단위의 공공사무나 공익사업, 주민 간 분쟁, 치안 유지 등 현안을 처리한다. 촌민소조는 촌민위원회 하위에 설립된 풀뿌리 자치조직으로, 가장 기초적인 사회조직이라 할 수 있다. 법인격을 갖거나 행정 단위는 아니다. 도시의 경우에는 이를 '거민소조居民小組'라고 부른다.

스캔 기술을 홍보했다. 하지만 어떤 주민들에게는 불편함을 주는 것처럼 보이기도 했다. 가령 샤완시 경찰은 모든 합법적 거주민이 검문소에서 자동으로 식별될 수 있도록 시스템을 "수정"할 필요가 있다고 언급하면서, 정부와 기술기업 인원들이 수동 검사를 실행할 필요가 없도록 하겠다고 장담했다.

⦁⦁⦁ 데이터 경찰 ⦁⦁⦁

시스템 내에서 발생하는 마찰은 대부분 제도를 운용하고 집행하는 데 필요한 업무에서 비롯된다. 복합적이고 집약적인 시스템의 데이터를 미세하게 조정하기 위해서는 인간 노동력이 필요하다. 학자 릴리 이라니Lilly Irani는 이러한 일을 하는 기술자들을 "데이터 관리인data janitors"[33]이라고 설명한다. 샤완시와 신장자치구에 있는 안전도시 시스템의 데이터 관리인은 2017년 초 자치구 전역에서 고용된 9만 명의 경찰보조원[34]들로 구성되었다. 미니버스 뒷좌석에서 베라를 감시했던 젊은 남성처럼, 정보 업무▪를 대행받은 이 노동자들은 국가 경찰이 받는 정식 교육을 받지 않았다. 이들 중 대부분은 치명적인 무기를 소지할 수 있는 권한도 없었다. 중국의 다른 지역에서는 단순히 "보안원保安员"

▪ 국가권력이 설정하는 '정보 업무'의 범주는 매우 다양하지만, 여기서는 민간인 추적·채증·미행·감시·도청 등 사찰 업무를 지칭한다.

이라고 불리기도 하는 이들은, 이와 같은 맥락에서 무슬림의 삶에 대한 권력을 갖게 되었다. 이들 하급 공무원 대부분은 무슬림이었다. 이 일자리의 기본 자격[35]은 "신뢰할 수 있는" 가족 배경, "민족 분열 및 불법적 종교 활동"에 대한 적극적인 반대 그리고 중국어에 대한 기본적인 업무 지식이었다. 특히 "신장 지원対口援疆" 요원—무슬림 자녀들을 재교육하거나, 재교육 수용소의 강제노동 공장을 설립하는 임무를 맡고 중국의 다른 지역에서 온 정부 자원자—의 배우자나 자녀들에게 지원이 장려되었다.

2017년 중반, 이 경찰보조원들은 메이야 피코와 파이버홈, 그 밖의 디지털 포렌식 전문 업체에서 만든 인공지능을 활용한 자동복구 도구를 사용하여 사람들의 장치를 검사하는 지역 전역의 과정[36]을 개시했다. 이 모든 정보는 의심스러운 행동 패턴[37]을 바탕으로 지역 경찰서의 감시 목록에 "입력된" 사람들의 이름이 전송[38]되는 통합운영 플랫폼에 제공되었다. 데이터 경찰의 업무는 이 도구들을 활용해 오가는 사람들을 적극적으로 프로파일링하고, 카이저와 같은 무슬림 청년들은 확실히 멈춰 세워 국가가 발급한 신분증을 제시하도록 하고, 스파이웨어 앱과 외부의 검색 장치를 거쳐 자동 검사를 위해 스마트폰 잠금을 해제하도록 요구하는 것이었다. 또한 경찰보조원들은 고정된 검문소에서 얼굴 스캔 기기와 금속탐지기를 감시하는 역할도 맡았다. 이러한 모든 활동은 시스템에 무슬림 거주자 데이터세트를 구축함으로써, 극단주의 평가 알고리즘을 더욱 정밀하게 만들었다. 그들은 학자 사리타 앰루트Sareeta Amrute가 "인종-알고리즘raceas-algorithm"[39]

이라고 언급한 바 있는 새로운 종족-인종적 변주를 만들고 있었는데, 투르크계 무슬림의 사회생활을 "예비 범죄" 행위의 데이터 세트와 일치하는 코드의 라인으로 바꾸는 것이었다. 데이터 검증에서 "신뢰할 수 없음"으로 판단된 무슬림은 구금 시설로 보내져 심문받은 후 그들의 예비 범죄 위반 사실을 자백하고, "신뢰할 수 없는" 다른 이들의 이름을 털어놓도록 요구받았다.

치타이현奇台縣은 샤완에서 동쪽으로 370킬로미터 떨어져 있다. 치타이현에서 검문 업무를 수행한 경찰보조원은 바이무라트라는 이름의 카자흐족 청년이었다. 그는 2016년 말 신장 전역에서 첫 번째로 고용된 보조원 중 한 명이다. 국경을 넘어 카자흐스탄으로 도주한 후 카자흐스탄의 민간단체 아타 주르트Ata Jurt와 가진 인터뷰에서 그는 자신이 대학 졸업생이었기 때문에 "매우 자격을 갖춘 것으로 간주되었다"[40]고 말했다. 그 결과 경찰보조원이 받을 수 있는 최고 수준의 월급인 1,000달러 정도를 받았는데, 이는 법정 최저임금 300달러를 훨씬 뛰어넘었다. 다른 지인들은 교육적 배경을 이유로 자격이 부족하다고 간주되어 400달러에 못 미치는 급여를 받았다. 그간 자격을 갖춘 일을 찾기 위해 고군분투했던 바이무라트에게 그 일자리를 맡는 것은 거부할 수 없는 선택이었다. 가족을 부양할 수 있을 뿐 아니라, 재교육 시스템으로부터 보호할 수도 있었기 때문이다. "우리에게는 유니폼이 지급됐어요. 그리고 다른 종류의 훈련을 하기 시작했죠. 마치 전쟁을 준비하는 것처럼 정말 엄격했습니다."

치타이현 당국은 이른바 "두 얼굴"의 지역 관료—공식적으로 당을 지지하면서 남몰래 무슬림에게 자비와 지원을 보이는 사람들—를 숙청하는 과정의 일환으로서, 주요 지도자들을 중국의 다른 지역에서 온 충성스러운 국가공무원들로 교체했다. 치타이현 경찰서장은 푸젠성 동부에서 온 화천주[41]라는 이름의 한족 남성으로 교체되었고, 위구르인과 카자흐인들이 강제노동 계약으로 일하게 되었다. 푸젠성은 지방정부가 지역의 교육 시스템을 전환하고 현 내에 산업단지를 건설하는 책임을 맡았던 지역이었다. "악을 근절하기 위해" 싸운 새 지도자의 전기와 영웅적 행위를 조명하는 관영매체의 기사에서, 그는 용의자들을 움직이지 못하도록 묶어두는 고문 장치인 "호랑이 의자"■ 바로 옆 심문실에서 있었다.

지역 당국은 베라가 스크린을 통해 자신의 모습을 볼 수 있었던 파출소를 짓기 시작했다. 이러한 감시 허브는 "안전도시 격자화"의 일환으로 이슬람교도가 다수인 지역에 수백 미터 간격으로 건설되었다. 그 후 당국은 경찰보조원들을 나누어 치타이현에 지어진 파출소 92곳 중 한 곳에 배치했다. 샤완에서도 파출소 77곳[42]에서 비슷한 과정이 진행되었다.

바이무라트는 "언제나 그곳에 앉아서 스크린을 감시해야 했다"

■ 유엔 인권최고대표사무소OHCHR가 2022년 8월 발표한 조사보고서에 따르면, 호랑이 의자라고 불린 족쇄가 달린 철제 의자에 묶인 채 수감자들은 온갖 학대를 당했다. 한 수감자는 "의자에 묶여 애국주의 노래를 매일 얼굴이 붉어지고 핏줄이 나타날 때까지 불러야 했다"고 증언했다.

고 회고한다. "만약 경보를 알아차리지 못하거나 감시를 멈추면 처벌을 받아야 했죠." 시간이 흘러 그들이 수행하는 감시 노동의 종류가 바뀌기 시작했다. 먼저 경찰보조원들은 중국어 능력과 충성도를 얼마나 입증해냈느냐에 따라 분류되었다. "그들은 수용소 시스템에 참여하는 것에 대한 규율을 낭독하게 하는 등 다른 훈련을 하게 했어요. 우리는 법률과 관련된 것들을 외워야 했죠. 벽에는 시진핑의 말이 적혀 있었는데요. 이걸 외워야만 했습니다. 완벽히 암송할 수 있을 때까지는 순찰을 돌러 나갈 수 없었죠."

바이무라트의 회상은 이어졌다. "그곳에서 일하고 6개월이 지난 후, 보행자나 자동차 운전자를 조사할 수 있는 장치를 나눠주더라고요. 그 장치로 사람들의 신분증이나 핸드폰을 스캔하면 그 사람이 베일을 쓰고 있는지, 왓츠앱을 설치했는지, 카자흐스탄 여행을 다녀왔는지에 대한 정보를 얻을 수 있었죠. 그런 온갖 종류의 정보들 말이에요."

보조원들은 야간 순시를 맡기 시작했다. 어떤 사람을 체포해야 한다면, 장치에서는 빨간불이 깜빡거렸다. "거리에서 우리는 아무 차나 세워서 검열할 수 있었어요. 사람들을 세우고 전화기와 신분증을 보여달라고 요구했죠. 말씀드렸듯이, 의심스러운 무언가가 발견된다면 지도자들에게 알려야 했습니다."

당초 바이무라트와 그의 동료들은 장시간 공격적인 위치에서 일해야 한다는 점에도 불구하고 안정적인 급여가 보장되었고 경찰의 괴롭힘으로부터 보호도 받을 수 있기에 경찰보조원 일이 "좋은 직업"이라고 생각했다. 그들은 자신들이 "좋은 사람들"의

편이라고 생각했다. 이러한 생각은 스마트폰 스캔 장비를 받았을 때쯤 바뀌기 시작했고, 바이무라트는 카자흐족 중학교가 감옥으로 변해버렸다는 사실을 알게 되었다. "그들은 카자흐족 학교 주변에 철문과 전류가 흐르는 높은 울타리, 4개의 감시탑을 세웠어요. 만약 우리가 신분증 검사를 통해 수상한 사람을 발견하면, 그들을 카자흐족 학교[재교육소]로 보냈죠. 갑자기 그곳을 감옥으로 만들어버린 거예요. 모스크에 방문해 기도하거나 돕파doppa* 를 쓴 모든 사람을 그 학교에 강제로 보내버린 겁니다."

계약서상 바이무라트는 임시직으로 고용된 노동자였다. 그러나 새 직장에서 6개월을 보내자 그는 자신에게 그만둘 자유가 없다는 사실을 깨달았다. "만약 지쳐서 그만두고 싶다고 말하면 그들은 이렇게 답할 거예요. '쉬어도 되지만, 나중에 반드시 돌아와야 해'라고요. 만약 일을 그만둔다면 우리 또한 '재교육 수용소'에 가야 했죠." 수용소 안에서 무슨 일이 벌어지는지 처음 보았을 때, 그는 이 위협이 실제로 무엇을 의미하는지 이해했다.

바이무라트가 조용히 말을 이어갔다. "2018년 초 어느 날, 회의에서 일부 수감자들을 수용소에서 재교육소로 이송해야 한다는 말을 들었어요. 우리에게는 정말 많은 수갑이 있었죠. 그곳[수용소]에 도착하니 약 600명 정도의 사람들이 묶여 있더라고요. 건물 안에는 감방 같은 방들이 있었습니다. 수감자들은 아주 어

∎   * 중앙아시아 일대 무슬림이 착용하는 모자로, 위구르족 남성들이 즐겨 쓴다.

린 여자들부터 나이가 많은 여자들 그리고 수염을 기른 (쉰다섯은 넘은 듯한) 남자들이 있었죠. 모두 소수민족이었는데, 대부분 위구르 사람들이었고, 소수의 카자흐족과 후이족 사람들도 있었어요. 한족 사람들은 없었던 것 같아요. 아마 한두 명은 있었겠지만, 그보다 많지는 않았어요. 수갑과 족쇄를 채우고는 그들이 붙들 수 있든지 없든지 상관없이 담요를 줬어요. 그리고 버스에 타라고 했죠. 저는 예전에 본 적이 있었던 것만 같은 사람에게 수갑을 채워야 했어요. 그 순간, 그가 예전에 경찰보조원으로 일했던 사람이라는 걸 깨달았죠. 일하면서 본 적이 있었거든요. 이름은 기억나지 않았지만, 누구인지 알았어요. 대체 무슨 일이 있었는지 묻고 싶었지만, 감시 카메라가 있어서 아무 질문도 하지 않았죠. 아마 나중에 물어볼 수 있으리라 생각했거든요. 하지만 전 기회를 찾지 못했어요. 그러고 나서 우리는 여자들을 이송하기 시작했습니다. 갑자기 날카로운 비명이 들리더군요. 백발이 성성한 80대 할머니였어요. 다리에 부상을 입어서 그런지 수갑과 족쇄가 채워지자 소리를 지르셨죠. 그들은 버스로 할머니를 끌고 갔어요. 이런 광경을 목격하니 기분이 너무 더럽더라고요. 때려치우고 싶어졌어요. 온 힘을 다해 경찰이 된 걸 후회했죠. 속으로 울면서 말이에요." 이렇게 말하며 바이무라트는 가슴에 손을 얹었다.

얼마 후 안전하다는 느낌이 들었을 때, 바이무라트는 또 다른 카자흐족 경찰보조원에게 자신이 알아보았던 남자에 대해 물었다. 그의 동료는 그 남자가 마을에서 왔고, 감시 카메라가 어떻게 작동하는지 이해하지 못하고 있었다고 이야기해주었다. 수용소에서 일하던 중 그 남자는 바닥에 떨어진 종이쪽지에 "이곳에서 나가게 해달라"는 문구가 적혀 있는 걸 보았다. 그 남자는 이 일에 대해 보고하지 않았지만, 카메라가 그것을 보았기에 결국 "교육받기 위해" 끌려갔다. 바이무라트는 카자흐인이나 위구르인이라면 누구든 재교육 수용소로 끌려갈 수 있다는 사실을 깨달았다. 아무리 애를 써도 감시 시스템으로부터 안전한 사람은 없었다. "이 시스템의 일부가 된 것이 너무 싫었어요. 아주 사소한 실수를 저지르고도 수용소에 갇히게 된 사람들이 너무 많았죠. 경찰로서 우리에게는 반드시 수행해야 하는 일들이 있었어요. 관료들은 어느 날은 이렇게 하라고 했다가, 또 다른 날에는 저렇게 하라고 했죠. 매일매일 그들이 시키는 대로 해야 했어요."

시간이 흘러 바이무라트에게도 억압이 가해졌다. 그는 고개를 저으며 말했다. "잠을 잘 수가 없었어요. 저와 아내는 언제나 울기만 했죠. 하지만 다른 사람들에게는 우리가 울고 있는 모습을 보여주지 않았습니다. 우리를 위험하다고 생각해서 고소할지도 모르니까요."

ⅠⅠⅠ 안전도시 ⅠⅠⅠ

샤완시 이야기로 돌아가자. 안전도시 프로젝트新疆沙湾县智慧平安项目가 실행되면서 [신장의 다른 지역들과] 유사한 과정이 펼쳐졌다. 주말이었던 2017년 4월 7일, 샤완시의 지도자들은 신장

위구르자치구 당위원회 서기 천취안궈陳全国*가 "탈극단화" 캠페인의 새로운 시작을 공표하는 회의에 참석했다. 간부들은 "종교 극단주의 사상의 침투에 단호히 반대한다"는 결의를 재차 다졌다. 2017년 8월, 샤완 수용소가 확장되면서 공식적으로 "중앙집중화된 폐쇄교육훈련센터"[43]로 전환되었다. 2019년 말에 이르러 7,000명 이상의 사람들을 수용할 수 있는 수감 시설이 지어졌다.

2017년 이래로 "신장 피해자 데이터베이스"는 샤완에서 수감되었던 사람들과 현재 수감된 사람들의 가족들로부터 100개 이상의 증언[44]을 기록했다. 여권을 소지했다거나 불법 앱을 사용했다는 이유로 구금된 경우도 있었다. 가장 빈번하게 특정된 사유는 샤완 안전도시 프로젝트로 설치된 얼굴인식 카메라 대부분이 위치한—모스크를 너무 자주 방문했다는 것이었다.

샤완에 대한 보고서에서 평가관들은 이 프로젝트가 "주요 사건에 신속히 대응하고 경제 건설을 담보하는 지방정부의 능력을 크게 향상시킬 것"이라고 주장했다. 동시에 그들은 민간 기업 투자를 촉진하고 사유재산을 보호함으로써 사회보장제도를 개선해야 한다고 제안했다. 그들은 "간접적인 경제 이익은 헤아릴 수 없을 정도"[45]라고 덧붙였다.

"체포되어야 하는 모든 사람을 체포하라" 캠페인이 새롭게 세

■ 허난성 출신의 중국 정치인으로, 2016년 8월 29일부터 2021년 12월 25일까지 신장위구르자치구의 정치서열 1위였던 중국공산당의 고위직 간부. 일반적으로 신장위구르자치구 정부 주석은 위구르족 등 소수민족 출신이 맡지만, 실질적 권력은 천취안궈 같은 한족 출신의 인사에게 주어진다.

워지고 평가관들이 보고서를 제출한 지 몇 달이 지난 2017년 4월, 타청지구 공산당 서기 쉐빈薛斌■46이 샤완시를 방문해 캠페인과 관련된 여러 시설을 시찰했다. 그는 새로운 안전도시 시스템을 점검하기 위해 샤완시 공안국 지휘통제센터를 찾아서 모스크와 종교 지도자, 종교 활동 등에 대한 "교육과 관리 서비스를 강화해야 한다"고 말했다. 그는 '방혜취활동访惠聚活动'■■을 언급하면서, 사구■■■ 감시 임무를 맡은 간부들은 "평가의 배턴"을 흔드는 자신들의 역할을 완전히 받아들여야 하며 "사구에서 엄격

- ■ 원문에서는 Xue Bing이라고 표기되어 있으나, 이는 '쉐빈薛斌, Xue Bin'의 오기로 보인다. 신장자치구 타청지구 일간지인 《타청일보塔城日报》 보도에 따르면 2017년 4월 22~23일 샤완시와 우쑤시乌苏市를 방문한 인물은 쉐빈이다.

- ■■ 원문은 "study transfer" programs인데, 역시 관련 기사와 대조했을 때 '방혜취활동'을 지칭하는 것으로 보인다. 방혜취활동이란 "민정을 묻고, 민생을 도와, 민심을 모으는" 활동으로, 중국공산당이 신장위구르자치구에서 군중과 연계하고 개입하는 군중노선의 구체적 실천 양식을 지칭한다. 나쁘게 말하면 전면적인 밀착 감시를 뜻한다. 2014년 3월 5일부터 자치구의 각급 단위, 중앙정부의 주신장 단위, 신장생산건설단이 공작조 1만 1,129개, 간부 7만 4,759명을 동원해 8,668개 마을, 759개 생산대, 1,985개 사구를 커버한다.

- ■■■ 위 기사와 대조했을 때 원문에 쓰인 village는 사구社区를 번역한 것으로 보인다. 하지만 사구를 '마을'이라고 번역하기는 어렵다. 사구는 20세기 초 영어의 community를 번역해 중국화한 것이지만, 중국에서는 도시의 하급 행정단위이자 기초 자치단위로 행정 개념이다. 행정 지위는 '촌'과 동일하다. 중국 사회체계 특유의 함의를 지니기 때문에 상응하는 한국어로 번역하기가 쉽지 않다. 이 책의 저자 대런 바일러를 비롯해, 《중국과 위구르족: 간략한 소개China and the Uyghurs: A Concise Introduction》의 저자 모리스 로사비Morris Rossabi 등 북미권 연구자나 언론, 기관 등은 종종 'neighborhood watch unit(이웃 감시대)'으로 의역해 소개하고 있다. 실제 신장위구르자치구의 도시 사구가 '주민 감시' 기능을 유지하는 것은 사실이지만, 행정단위인 사구를 통째로 이웃 감시대로 의역하는 것은 따르지 않았다. 일반적으로 중국 관련 서적에서는 '사구'로 번역한다.

한 규율을 집행해야 한다"고 강조했다.

샤완과 쿠이툰은 모두 작은 현이다. 2015년 방문했을 당시 나는 하나같이 획일적인 두 곳의 모습에 매우 놀랐다. 두 곳 모두 마을 광장과 시장, 기차역을 중심으로 한 격자 위에 지어진 회색 콘크리트 공동주택 건물들로 이루어져 있었다. 모든 이들이 서로를 알았다. 현의 변두리에 수용소가 지어지고 수천 명의 이슬람교도가 그 안으로 사라진다면, 그들은 분명 알게 될 것이다. 그들은 또한 새로운 산업단지가 건설되고 더 많은 이슬람교도가 그곳에서 일하도록 강요받으리라는 점도 알게 될 것이다. 그리고 그들은 수십 개의 감시 허브가 세워지고 모든 사람이 자신의 얼굴을 스캔해야 한다는 점도 알게 될 것이다. 이 모든 게 위구르인의 속담에서 "내 손의 다섯 손가락"이라고 말하는 것처럼 명백했다.

신장의 모든 지역과 마찬가지로 안전도시 프로젝트는 샤완시를 에워쌌다. 휴대전화 앱부터 그들의 집 앞, 모스크와 기차역까지 샤완 시민들의 일상이 가시화되었고 그들의 얼굴과 일치하는 디지털 코드로 체계화되었다. 이러한 코드는 인클로저 감시의 유연한 시스템이었으며, 켜고 끌 수 있었고, 수동으로 감도를 조절할 수도 있었다. 이는 마찬가지로 시스템의 감시를 받는 경찰보조원 간 지역 인트라넷에서만 공유되었다.

샤완 보고서에 따르면, 감시 시스템은 "유익한" 상품과 서비스, 생체 데이터의 이동을 보장하고, 이러한 순환을 잠재적으로 방

해할 수 있는 사물이나 신체, 데이터의 이동을 채널링channeling[■]
하거나 저지하는 데 중점을 두었다. 목표는 국가가 지원하는 시
장경제에서 "좋다"고 여겨지는 것의 유통을 늘리고, 범죄나 동화
될 수 없는 신체와 같이 "나쁘다"고 판단되는 것의 유통은 줄이
는 것이었다. 이 기술의 형성력은 비이슬람교도 사이의 불안감을
낮추고, 경제성장률은 높이며, 정부 당국의 집행력은 강화함으로
써 인구 규제에 활용되었다. 카이저의 가족이나 바이무라트 같은
하급 데이터 관리인처럼 우연히 시스템을 작동시킬 수 있거나,
누군가 언제든 스위치를 돌려 자신들을 목표로 삼을지도 모른다
고 두려워하는 사람들에게 안전도시는 깊은 공포와 급격한 무기
력이라는 역효과를 낳았다. 스마트폰의 편리성은 참사가 되고 말
았다.

안전도시의 통제 사회에서는 기술과 어느 정도 거리를 둔 힘
의 관계를 유지함으로써, 삶을 예측할 수 있다. 그래야 더 많은
것을 할 수 있다. 기술이 사람들을 생각하기 시작하면, 일상을 초
월한 자신의 권력을 표준화하기 시작한다. 복잡하게 자동화된 블
랙박스에서 사유할 공간이 사라지면, 그 시스템은 진부하고도 잔
혹해지며 학대를 위한 엄청난 능력을 배태한다.

■ 여러 뜻이 있지만, 인터넷 제어 기술의 차원에서 불균질한 유속의 흐름을 뜻하는 것
  으로 보인다.

두 얼굴

■

2017년 2월 재교육 수용소 시스템이 가동되고 바이무라트가 경찰보조원 일을 시작하게 되면서, 신장 전역의 교사들은 수용소 강사를 강제로 겸직하게 되었다. 이들 중에는 켈비누르 세딕 Qelbinur Sedik이라는 무슬림 여성이 있었는데, 그는 우루무치의 한 소학교˙에서 5학년 아이들에게 중국어를 가르쳤다. 위구르인과 우즈베크 정부 관료인 켈비누르의 부모는 비위구르인으로 식별되는 것과 관련된 보호를 인지했고, 그래서 그녀의 출생증명서에 우즈베크인이라고 기재했다. 1980년대에 중국어 교육을 받은 소수민족으로서 켈비누르는 교육 분야에서 경력을 쌓고자 했다.

■ 한국의 '초등학교'에 해당한다. 중국·대만·홍콩·일본 등 한자문화권 국가들은 대부분 소학교라고 부른다.

1992년 지역의 사범대학을 졸업한 그는 우루무치에 있는 소학교에 자리를 잡았다.

쿀비누르는 학교에서 고위직을 맡고 있었기 때문에, 2017년 춘절 연휴 직후 새로 배치를 받고서 깜짝 놀랐다. 그는 회상했다. "2017년 2월 26일, 새 학기가 시작되던 날이었어요. 교장이 자기 사무실로 부르더니 어떤 회의에 참석하라고 하더군요." 회의 자리에서 지역 당위원회 서기는 별다른 이야기를 하지 않았다. 회의에 참석한 쿀비누르와 다른 교사들은 당국이 "교육받지 못한 사람들"을 모았다고 들었을 뿐이었다. 그들에게 중국어를 가르치는 것이 교사들의 책무였는데, "교육받지 못한 사람들"은 산 위에 세워진 관공서에 있었다. 쿀비누르는 6개월 동안 그들을 가르치겠다는 "서약서"에 서명해야 한다는 이야기를 들었다. 그러고는 만약 그가 본 것에 대해 어떤 말이든 누설할 경우 "모든 책임과 마땅한 처벌을 기꺼이 감수해야 한다"고 적힌 또 다른 서약서도 건네받았다. "그들은 이게 정치적 책무이기에 거절하거나 떠나겠다고 할 수 없다는 점도 강조했죠." 쿀비누르는 계속해서 말했다. "그렇게 하지 않으면, 우리는 처벌받을 거라면서요." 그는 학교에 있는 누구에게건 회의에 관해 말할 필요가 없었다. 그보다 높은 자리에 있는 사람들은 하나같이 그 임무가 무엇인지 알고 있는 것 같았다. "학교를 떠난 다음 날, 제가 맡고 있던 교직은 다른 사람들에게 할당되었죠."

신장자치구 내 거의 모든 위구르인과 마찬가지로, 쿀비누르는 이미 2015년 초 재교육 수용소에 보내졌다는 "교육받지 못한 농민공" 위구르인에 대해 들어본 적이 있었다. 끔찍한 일이었지만, 안전한 우즈베키스탄 신분증을 가진 데다 보통화를 할 줄 아는 도시 여성인 자신과는 별 상관이 없다고 여겼다. 새 업무를 준비하면서 켈비누르는 신장 남부에 위치한, 카이저의 고향 인근에 있는 아커쑤지구阿克苏地区 아와티현阿瓦提县에서 온 한 여성이 해준 이야기가 떠올랐다. 역시 소학교 교사인 그녀는 졸업 후 우루무치로 이주했는데, 여름 방학 때마다 고향 마을로 돌아갔다.

2015년 이 여성이 도시로 돌아왔을 때, 그는 슬픔에 잠겨 교무실에서 두 시간 동안 펑펑 울었다. "그녀는 제게 '규칙적으로 기도하는 사람들, 긴 전통 의상을 입는 사람들, 이맘imam(성직자)들이 구속되었어'라고 말했어요. 아와티현은 위구르족 인구가 가장 많은 지역 중 하나거든요. 한데 그는 '더는 길가에서 위구르인 남자들을 볼 수 없을 거야'라고 했어요."

그녀의 세 형제는 모두 끌려갔다. 한 명은 독실한 이슬람교도였기 때문에, 또 다른 한 명은 모스크에서 금요 예배를 하는 것을 누군가 신고했기 때문에 그리고 셋째는 알 수 없는 이유로 구속되었다. "그들 모두를 커다란 홀에 모았어." 켈비누르의 동료는 이렇게 말했다. "경찰은 무기를 갖고 있었지. 사람들의 이름을 부르더니, 그들의 죄목을 선고하더라고. 그러고는 검은색 비닐봉지를 머리에 뒤집어씌운 채 연행했어." 켈비누르는 몇 년 전에 들었던 이 이야기를 떠올려냈다. "그가 말했을 때 우리는 다 같이 눈물을 흘렸죠."

그러나 켈비누르는 일상이 곧 정상으로 돌아가는 것처럼 보였다고 말했다. "우리는 충격을 받았지만, 시간이 흐르면서 이 대화를 잊어버렸어요. 우루무치에서는 절대 그런 일이 없을 거라고 생각했거든요." 그러나 관료들이 "교육받지 못한 사람들"을 가르치는 일을 맡으라고 지시했을 때, 동료가 해준 이야기가 밀물처럼 돌아왔다. "계속해서 이건 정치적 책무이고 아무에게도 이야기하지 말라고 했기 때문에, 분명 비슷한 일이라고 생각했어요. 그래서 제 동료가 말해주었던 그런 장소로 가게 되는 게 아닐까 싶었지만, 이런 생각에서 벗어나려고 노력했죠." 켈비누르가 말했다.

다음 날, 복통을 느끼면서 켈비누르는 "중앙집중화된 통제교육훈련센터"로 이동했다. "스마트"하게 개조된 관공서 건물들은 동료가 묘사했던 것과 똑같아 보였다.

"마치 감옥에 들어온 것만 같았어요. 사방이 날카로운 철망으로 둘러싸인 4층 건물[1]이었죠. 신분증을 찍고 들어갔는데, 구내의 마당을 지나갈 때 어찌나 긴장했는지 모르겠어요. 한족 경찰과 군인들이 돌격용 자동소총을 들고 지키고 있었죠. 저는 그들에게 매우 신중하고 좋은 인상을 주어야 한다고 생각했어요." 켈비누르는 당시의 기억을 떠올렸다.

많은 것을 받아들여야 했다. 시간은 빨라진 것 같으면서도 느려진 것 같았지만, 그날의 이미지는 마음속 깊이 새겨졌다. "등록 절차를 마친 후 주위를 둘러봤는데, 벽에 '종교 극단주의 사상과 투쟁하고, 종교 사상의 진입을 방지하라'는 구호가 적혀 있었던 게 기억나요."

켈비누르가 구내의 구조를 완전히 이해하는 데에는 시간이 좀 걸렸지만, 지금은 머릿속에서 재현하고 각 방의 모습을 생생하게 그릴 수도 있다. "건물에 들어갔을 때 우측에는 경찰관 네 명이 있었고, 2층으로 올라가는 계단이 있었어요. 그리고 좌측에는 예닐곱 개의 사무실들이 있었죠. 그중엔 경찰 지휘통제실, 경찰 기숙사, 간호사 사무실, 사구■ 공무원들의 사무실이 있었어요."

이런 디테일은 중요했다. 사회 서비스를 시행하고 경찰을 지원하는 중국 정부의 한 부처인 민정부民政部가 수감자들의 현황을 실시간으로 감시하고 있다는 사실을 분명히 가리켰기 때문이다. 켈비누르는 말했다. "사구에서 열 명의 젊은 여성이 교대로 수용소 일을 도우러 왔어요. 다섯 명이 교대 근무를 마치고 나면, 다른 다섯 명이 업무를 인계받는 식이었죠. 그들의 책무는 수감자들에게 빵을 나누어주고, 각 수감자의 디지털 파일에 그들의 행동을 기록하는 것 등이었어요."

재교육 수용소의 분위기에 익숙해지면서, 수용소 일꾼으로서 켈비누르의 역할이 시작되었다. 수용소에 있는 다른 무슬림 노동자들은 그에게 시스템의 기준에 따라 업무를 수행하는 방법을 보여주었다. 그는 떠올렸다. "한 경찰이 사무실로 데려가더라

■ 원문 the neighborhood watch units을 사구로 번역했다. 이반 프란체시니 Ivan Franceschini, 니콜라스 루베레Nicholas Loubere 등과 공동 편집한 학술서 《신장 0년Xinjiang Year Zero》에서 대런 바일러는 (앞서 밝혔듯) 사구의 영어 번역으로 'neighborhood watch units'을 사용했다.

고요. 그곳에서 전 마히라Mahira라는 이름의 위구르인 관리를 만났어요. 절 안다면서, 자기 아이가 제가 일하는 학교의 학생이라고 하더라고요. 그 여성에게 수용소에 대해 더 많은 내용을 묻고 싶었지만, 그는 제가 더 많은 것을 요구해선 안 된다고 암시했어요. 간단하게 '위를 보세요'라고 하더라고요. 그러자 카메라가 제 얼굴을 향하고 있더군요. 바로 이해했죠. 더는 아무것도 묻지 않았어요. 그분이 '수업을 시작할 준비가 됐냐'고 물었습니다. 별수 없다고 생각해 '네'라고 대답했어요."

"스마트" 카메라가 자신의 행동을 감시하고 있다는 사실을 알게 된 퀠비누르는 그녀의 삶을 바꿀 문턱을 넘어섰다. "저는 책과 물병을 들고서 철문을 쳐다봤어요. 그리고 평생 잊지 못할 무언가를 봤죠. 문이 열리자 수갑을 찬 수감자들이 나오더군요. 그들은 부분적으로 닫혀 있는 문에 묶인 체인 아래로 몸을 숙여야 했어요. 그리고 교실로 걸어갔죠. 저는 눈물을 흘릴 수밖에 없었습니다." "학생들"이 플라스틱 의자에 앉는 동안 퀠비누르는 자신이 사용할 테이블과 의자, 칠판을 받았다.

"그들의 얼굴을 보니 짓이겨지는 것만 같았어요." 퀠비누르는 말했다. "그들 앞에서 울지 않도록 해달라고 알라께 기도드렸죠. 이제 어떻게 해야 할지, 무슨 말을 해야 할지도 모른 채 책상 앞으로 갔어요. 앞에 앉아 있는 이들 중에는 수염을 기른 노인들도 있었는데, 그저 모스크에 가면 볼 수 있는 그런 노인들이었어요. 존경받을 만한 사람들이었죠." 노인을 공경하라는 가르침을 받은 투르크계 무슬림으로서 퀠비누르는 두 가지 선택에 직면했다.

"조금의 자비도 없이" 중국어를 사용하는 재교육 시스템의 가면을 쓸 것인가, 아니면 "두 얼굴"—모든 무슬림에게는 언제나 '국가에 대한 충성'이 의문시되고 있다—이라는 꼬리표가 붙을 위험을 무릅쓰고 타인을 존중하라고 배운 한 사람으로서의 진정한 모습을 드러낼 것인가.

"아무 생각 없이 '앗살라무 알라이쿰'이라고 말했어요." 이는 "당신에게 평화가 있기를"이라는 뜻을 담은 아랍어의 통상적인 인사말이다. 그가 이렇게 말하자 학생들은 얼어붙었다. "그들은 겁에 질린 것 같았어요. 저는 잘못 말했다는 것을 깨달았죠. 얼른 제 소개를 하고 수업을 시작했어요. 칠판만 응시할 뿐, 뒤돌아서 그들의 얼굴을 보지 않았어요. 몇몇 수감자들이 흐느끼며 울고 있었기 때문에 돌아볼 수가 없었습니다. 어떤 노인들의 수염은 눈물에 젖어 있었죠. 저는 마음을 진정시키려 노력했어요. 수업 내내 전혀 뒤돌아보지 않았죠. 그저 칠판 위에 글자를 쓰고 지우기만 했어요. 네 차례의 수업을 마치니, 마치 4년이 지난 것만 같았어요."

이 만남에서 켈비누르는 수감자들의 얼굴을 마주할 수 없었고, 그들의 즉각적인 고통을 직접 목격할 수 없었다. 그러나 금지된 아랍어 구절을 소리 내 말하고 수감자들에게 등 돌린 상태에서도 침착하지 못했다는 점에서, 그들과 처음으로 동일시했다는 점에서, 그가 수감자들을 인간이자 공감받아 마땅한 존재로 인지했다는 것은 분명했다. 그 노출의 순간, 그가 쓰고 있던 재교육 가면이 벗겨졌고 켈비누르는 두 얼굴의 무슬림으로 보였다.

"휴식 시간에 사무실에 갔더니, 마히라는 제게 말을 조심히 해야 한다고 이야기했어요. 중국어로 '교육생 여러분, 안녕하십니까(쉐위엔먼하오学员们好)'라고만 인사해야 한다고 했죠. 저는 수용소 앞마당으로 나갔어요. 거기에는 카메라가 없었죠. 수용소 책임자는 카디르Kadir라는 이름의 위구르족 남자였는데요. 키가 크고 까무잡잡한 사람이었어요. 그가 이렇게 말하더라고요. '말조심해요. 앗살라무 알라이쿰이라고 하면 안 됩니다. 그렇게 말하면 범죄로 간주되어 구속될 수 있어요. 다행히도 오늘은 저랑 다른 경찰 둘이 당직을 서고 있으니 망정이죠.'"

재교육 업무의 어려움과 그들이 무슬림 신분을 공유한 것을 카디르 소장이 인지하고 있었기에, 켈비누르는 좀 더 용기를 갖고 수감자들에 대해 물어볼 수 있었다.

"저 사람들은 어떤 사람들인가요?"

"그들은 이맘이거나 모스크에서 일한 사람들이지요."

"다음부터는 조심하겠습니다."

"당신, 이번에는 운이 좋은 거요. 마침 내가 카메라실에 있었으니까."

"저 교육생들은 언제 여기에 수감되었죠?"

"2월 14일."

"어떤 범죄를 저지른 건가요?"

"아니, 그들은 그저 신앙심이 깊은 위구르인이요. 당신도 조심해야 해. 교실 안 당신 머리 바로 위에도 네 대의 카메라가 있거든."

카디르는 켈비누르에게 대답하면서 그 수감자들이 그들과는 다르며, 신앙심이 깊기 때문에 처벌받아 마땅하다는 것을 인정하도록 밀어붙였다. 그는 이 시스템이 자신들에게 다른 투르크계 이슬람교도의 인간성을 말살하고 있다는 사실을 인식하지 못하게 압박하는 방식을 거듭 강조했다.

켈비누르는 멍하니 수용소에서의 첫날을 보냈다. 하루가 끝날 무렵, 경찰은 그를 시내 어딘가에 내려주었고 켈비누르는 집으로 가는 길을 찾아 몇 시간 동안 버스를 탔다. "집에 있던 남편이 오늘 보낸 하루에 대해 물었어요. '교육생들은 어떤 사람들이야?' 하고 묻는데, 저는 펑펑 울면서 모든 일을 설명했어요. 남편은 충격을 받았고, 전 비밀로 해달라고 했죠. 지금도 친척들은 아무것도 몰라요."

켈비누르는 카메라를 앞에 두고 연기하는 스트레스에 적응하기 시작했다. 어느 날 수업 중 하나를 마쳤을 때, 마흔 살 언저리의 수감자가 한 시간 더 머물다가 갈 수 있냐고 부탁했다. "제가 이유를 물으니 '교실에 있는 게 저희는 더 좋으니까요'라고 답하더군요. 무슨 뜻인지 알 것 같았죠." 켈비누르는 감방 안을 흘끗 봤다. 밝은 조명이 설치되기 전인 그 순간, 감방 안은 아주 희미한 불빛만이 켜져 있었고 바닥은 콘크리트였다. 수감자들은 교실에서는 의자에 앉을 수 있었지만, 감방에 가면 콘크리트 바닥 위에서 몇 시간씩 서로를 밀친 채 앉아 있어야 했다. 허락 없이는 서거나 누울 수도 없었다.

켈비누르는 그 남자에게 아무 대답도 하지 않았고, 수용소 경비원들이 곧 그를 데려가기 위해 왔다. "대화를 나누면 처벌받게 되리란 걸 그들도 알고 있었어요." 켈비누르가 말했다. 다음 주에 그는 수업에 오지 않았고, 다시는 볼 수 없었다. 사건 이후, 다른 이들은 수업에 대한 질문에 중국어로 대답을 하는 것 말고는 아무 말도 하지 않았다.

수용소에서 인간성 말소의 과정이 펼쳐지고 있다는 것이 점차 분명해졌다. 일주일도 되지 않아 수감자들은 머리를 깎았다. 몇 주가 지난 후, 교실은 새로운 수감자 수백 명을 수용하는 감방이 되었다. 인원이 너무 많아진 나머지, 수감자들은 콘크리트 바닥에서 교대로 잠을 자야 했다. 그들은 몹시도 공포에 떨었다. 수업 시간에 질문에 답하는 목소리도 떨렸다.

인터뷰가 이루어진 당시, 켈비누르는 얼굴을 손으로 훔치며 흐느끼고 있었다. "다들 너무나 두려워했어요. 수업 중 제가 무언가 물어보면, 그들은 제 얼굴을 쳐다보려 하지도 않았죠. 처음에는 그들의 표정에 생기가 있었어요. 하지만 한 주가 지나면 남자들은 수염과 머리카락을 밀었죠. 여성 수감자들도 머리카락이 길었지만, 일주일이 지나면 깎였어요. 그들의 눈에서는 아무 기운도 찾아볼 수 없었죠. 그들을 보고 싶지 않았어요. 볼 때마다 너무 슬펐으니까요. 저는 밤에도 잠들 수 없었어요. 쇠사슬 소리가 내내 귓가에 맴돌았거든요."

시간이 흘러 켈비누르가 떠받치고 상연하도록 강요되었던 폭력은 그의 몸뿐만 아니라 감각에도 영향을 미쳤다. 그는 비록

"신용trustworthiness"이라는 허식 밑으로 이를 숨기려 했지만, 결국은 그마저도 불가능해졌다. 수용소 시스템에서의 폭력은 그를 지치게 했다. 타인의 인격을 침해하는 것은 자신의 존엄성과 자존감을 해치고 말았다. 인류학자 낸시 셰퍼-휴스Nancy Scheper-Hughes와 필립 부르고아Philip Bourgois에 따르면, "폭력violence이란 물리적 힘이나 폭행, 고통을 가하는 등 물질적 차원에서만 이해될 수 없다. 폭력의 사회적·문화적 차원은 폭력에 권력과 의미를 부여한다".[2]

현재 중국 서북지역에서는 이슬람교도들이 일상적으로 저지되고, 신원 확인을 받으며, 구금되고, 심문을 받는다. 대체로 이러한 접촉은 매우 짧은 시간 동안 이루어지며, 주고받는 말도 매우 적다. 그 대신, 스마트폰에 담긴 디지털 기록과 생체인식 추적 공간이 그들에 대해 이야기한다. 만약 이 "발화 행위"가 시스템에 의해 표시되는 경우, 파출소나 더 상급의 관할 경찰서에서 좀 더 공식적인 심문으로 이어질 수 있다.

이러한 심문은 다른 곳에서도 일어난다. 월요일마다 있는 국기 게양식과 질의응답식 정치교육 시간에는 수감자들의 정치적 소양과 충성심을 시험한다. 일할 때의 행동을 관찰하고 과제를 넘겨준다. 그들은 언제나 방어 자세를 취한다. 이와 같은 과정은 그들이 경찰보조원과 그 동료들에 의해 좌지우지되는 방식을 내재화하게 되면서, 순식간에 정치적으로 몰입된 심문의 감각을 불러일으킨다.

프랑스의 소수민족 집단과 치안 유지에 대해 쓴 인류학자 디디에 파생Didier Fassin에 따르면, "그들은 유죄로 간주되지 않기 위해 단지 결백하다는 것만으로는 충분하지 않다는 걸 알고 있다. (…) 그들은 그들에게 발생한 일이 그들이 저지른 일이 아니라, 그들이 대표하는 것[3]과 관련되어 있다는 걸 자각하게 된다". 투르크계 무슬림은 재교육 시기 이러한 복종의 과정을 통해 자신들이 시스템의 응시에 종속된다는 것을 이해하게 된다. 누구든 정보원이 될 수 있으나, 누구도 동맹을 보장받을 수 없으며, 카메라와 스캐너의 알고리즘은 언제나 작동되고 있다. 이러한 맥락에서, 소수민족으로서는 국가권력에서 완벽하게 벗어난 공간은 존재하지 않는 것처럼 보인다. 이는 검문소에서, 친지와 이웃과 친구들의 두려움에 의해서 매일매일 확인된다. 결국 시스템과 함께 일하도록 배치된 무슬림의 경우, 이는 "신뢰할 수 없음"으로 파악된 사람들[4]이 받는 처우를 통해 확인된다. 수용소에서 인간성을 말소시키는 효과와 수감자들을 둘러싼 사회적·기술적 조건들은 어떤 무슬림이건 구금될 수 있다는 것을 명백하게 만든다. 이처럼 일상에서 범해지는 통상적 국가폭력을 목격하는 것은 비인간화가 무작위로 이루어지는 게 아니라, 무슬림이 상징하는 것과 관련되어 있다는 사실을 납득하게 한다.

켈비누르나 바이무라트와 같은 무슬림은 언제나 잠재적으로 신뢰할 수 없는 존재였지만, 그들의 한족 동료들은 동일한 수준의 위험을 느껴본 적이 없었던 것처럼 보였다. 어느 날 한 젊은 여성이 유령처럼 창백한 얼굴로 들것에 실려 급히 수송되는 모습을 보자 켈비누르는 이를 분명히 깨달았다. 그날 밤 버스를 타고 귀가할 때 수용소의 한족 직원 한 명이 켈비누르의 귀갓길에 동행했다. 비교적 안전한 버스 뒷좌석에서 그 교사는 켈비누르 쪽으로 몸을 돌리더니 실려간 젊은 여자를 봤냐고 낮은 목소리로 물었다. "'그렇다'고 답했지만, 정확히 무슨 일이 벌어지고 있는지는 몰랐어요. 그 남자가 전하기를, 그녀는 심한 출혈을 일으켜 병원으로 후송되던 중 세상을 떠났다고 하더라고요." 켈비누르는 상기했다. 수용소에 있던 다른 모든 여성처럼 그 여성도 생리 주기를 멈추기 위해 알약을 먹어야 했다. "재교육 수용소는 여자들에게 생리대를 충분히 보급해줄 수 없어요. 그래서 생리를 중단하기 위해 알약을 먹어야 하죠." 그 남자는 무심하게 설명했다.

켈비누르는 어떻게 대답해야 할지 몰랐다. 그녀는 이것이 완전한 진실은 아니란 것을 알았다. 민정부는 신장 전역에 걸쳐 "불법 출산 제로" 캠페인에 착수했다. 마흔일곱 살인 켈비누르는 공무원들이 강제로 삽입한 새로운 자궁내피임기구IUD 검사[5]를 정기적으로 받아야 했다. 당국의 문서에 따르면 외과적 불임 수술이나 IUD 삽입 및 정기 검사를 받지 않은 가임기 여성은 "신뢰할 수 있는" 시민의 리스트에 오르지 않는다.[6] 불법 임신은 "조기 폐기"[7]되어야 했는데, 이는 즉 강제 낙태를 가리킨다. 민정부는 가족계획 규정 위반을 신고한 사람에게[8] 1,000달러에 상당하는 포상금을 지급하기 시작했다. 또 다른 공문서들은 수용소로 보내진 사람 중 상당수, 아마 전체 수감자의 10퍼센트가량[9]

이 가족계획 규정 위반 혐의로 수감되었다는 걸 보여준다. 수용소 시스템이 시작된 이래로 신장위구르자치구 남부 일부 지역에서는 무슬림 재생산 권리의 제한으로 인해 위구르인의 출산율이 50~80퍼센트 급감했다.[10]

그러나 버스에 타고 있는 동안 켈비누르는 자신의 한족 동료를 믿어도 좋을지 몰랐기 때문에 그저 고개를 끄덕이며 이해한다고만 말했다. "티를 내지는 않았지만, 속으로는 고통스러웠어요. 그는 계속 불평을 늘어놓았죠." 그 남자는 켈비누르에게 "이게 무슨 '학교'란 걸까요? 우리의 많은 '학생'들은 좋은 교육을 받았잖아요. 한국이나 미국, 이집트, 캐나다, 튀르키예, 일본, 카자흐스탄으로 유학도 다녀왔고요. 저는 지금 그들의 질문에 답해줄 수조차 없어요. 지금은 21세기 아닌가요? 어떻게 이런 일이 일어날 수 있죠?"라고 말하며 화를 냈다. 켈비누르는 그저 잠자코 들으며 수용소가 우생학 캠페인의 일환으로 활용된 과거의 세계사적 사건들을 그가 대놓고 암시하는 데 놀랐다. 수용소에서 일하는 나머지 시간 동안, 그들은 자신이 경험한 공포에 대해 다시는 말하지 않았다. 그저 시키는 대로 계속할 뿐이었다.

실제로 재교육 시스템에 참여한 많은 한족 사람들은 캠페인에서의 권한 강화와 투자 의식을 발전시킨 것처럼 보였다. 켈비누르의 또 다른 한족 동료는 켈비누르 역시 위구르족 혼혈이라는 걸 잊고는 이렇게 말했다. "지금 위구르인들은 파리 같아. 우리가 원한다면 그들을 때려눕힐 수 있잖아." 켈비누르가 가르쳤던 학생 중 하나는 어느 날 밤 자신의 형이 무장 경찰들에 의해 연행되었을 때 이웃에 살던 한족 무리가 아파트 바깥의 광장에 모여 박수를 치기도 했다고 말한 적이 있다. "'아주 잘한다!', '다 잡아가라!' 하고 소리쳤다고 해요." 그 학생은 퀠비누르에게 물었다. "선생님은 모든 민족이 단결하고 화합해야 한다고 언제나 말씀하셨잖아요. 위구르인이 잡혀가는데 왜 박수를 칠까요?" 그들이 대화를 나누던 곳에 카메라가 한 대 있었기 때문에, 퀠비누르는 그 학생에게 이렇게 말해줄 수밖에 없었다. "아냐, 넌 그들이 말하는 걸 제대로 못 들었던 게 분명해. 그들은 그렇게 말하지 않았을걸. 아마 네 형은 교육받으러 어딘가로 갔을 거야." 열 살 아이는 눈물을 흘리며 말했더랬다. "거짓말하지 마세요. 머리에 검은색 가방을 이고 어떻게 학교로 가겠어요? 경찰이 형을 학생으로 봤다면 뭐하러 그렇게 데려갔을까요? 전 어리지만 바보가 아니에요."

2014년 테러와의 인민전쟁이 시작되면서 한족 시민들은 대체로 이 방침을 지지해왔다. 2020년에 있었던 한 인터뷰에서 신장 지역으로 이주해온 콩위안펑Kong Yuanfeng이라는 한족 이민자는 이렇게 말했다. "그들이 너무 많은 사람을 구금하고 있었기 때문에, 수많은 한족 이주민들은 위구르족에 대해 정말 아무것도 몰랐어요. 테러리스트가 어디에나 있으리라고 생각했죠."[11]

다른 사람들은 보안 시스템이 일부 형태의 상업 및 건설에 지장을 준다는 이유로 불평했다. 신장 출신의 한족 여성 루인Lu Yin은 2019년에 진행한 인터뷰에서 2017년 캠페인이 시작되었을 때 자신의 친척들이 검문소에 대해 불만을 드러냈다고 말했다.[12] 시내로 향하는 공공 버스를 탄 모든 사람이 위구르인이 검문받는 동안 기다려야만 했을 때, 그들은 참을 수 없는 일이라 생각했다. 몇 달 후에는 "좋아졌다"는 말들이 들렸는데, 이제는 버스가 검문소에 선 위구르인들을 뒤로하고 출발했기 때문이다.

루인은 "가장 충격적이었던 것은 (친척들이) 너무나 노골적으로 인종주의자가 되어갔던 방식이었다"고 내게 말했다. "당시 그들이 나눈 대화 주제의 75퍼센트가량은 위구르인을 폄하하는 것이었어요." 루인이 이 일을 특별히 걱정스럽게 받아들인 이유는 "2016년에 방문했을 때는 (인종차별적 발언이) 하루에 두세 번밖에 나타나지 않았"지만, "이제는 하루에도 20~30번씩 언급되었다"는 점 때문이었다. 대화가 끊길 때마다 친척이나 이웃들은 "위구르인들은 너무 나빠!"라고 외치곤 했다. 그러고는 그들이 얼마나 낙후되었으며, 감사할 줄 모르고, 폭력적인가에 대해 이야기하기 시작했다. 몇 주간 그곳에 있던 루인은 "그들이 무슨 일이 일어나고 있는지 루인에게 정당화하기 위해 노력하고 있는 것"처럼 느꼈다. 정부가 이 상황에 개입하는 것 말고는 선택지가 없다고 말하는 것도 들었다. 사람들은 위구르인들이 TV 속 "흑인 목숨도 소중하다Black Lives Matter" 시위에서 본 아프리카계 미국인들보다 "더 나쁘다"고 루인에게 말했다, 그래서 수용소와 "재교육" 작업이 필요하다는 것이었다.

한족 사람들이 재교육 캠페인에 참여하며 가졌던 주된 의구심은 이러한 노력에 그들 삶의 상당 부분을 희생해야 한다는 점이 있다. 마을의 위구르인과 카자흐인을 감시하기 위해 파견된 사람들은 새로운 상황에 적응해야 한다고 불평을 늘어놓았다. 대개 그 일은 지루했고, 도시 생활의 흥분과는 거리가 멀었다. 그들은 가족들을 그리워했다. 국영 기업이나 정부 부처에서 관료로 일하거나, 국가가 운영하는 기구에서 의사나 편집자로 일하고 싶어 했다. 내가 인터뷰한 사람 중 두 명은 농촌으로 가라는 지시를 받은 자신이나 친구들이 감시 프로그램에 참여하기를 거부했다면 일자리를 잃었을 것이라고 말했다. 그와 동시에 그 일에 참여함으로써 그들의 임무 수행이 완료되면 곧바로 승진을 보장받는다고 말하기도 했다. 그러나 많은 경우에는 그저 과업을 받아들일 뿐이었다. 그들은 시스템 안에서 일하는 것이 어느 정도는 좋은 시민이 되는 일[13]이라고 느꼈다.

켈비누르는 이 시스템의 "악"이 한족 전체로 스며들어 루인을 감염시키기 시작했다고 느꼈다. 이따금 그는 일상이 되어버린 고통에 무감각해졌다. 그러나 업무에 배치되고 몇 달이 지난 후 찾아온 또 다른 순간은, 무슬림에 대한 인간성 말살이 어떻게 해서 보편화되었는지를 상기시켰다. 켈비누르가 버스를 타고 우루무치시 남쪽 어느 지역을 지나고 있을 때, 몇몇 한족 십 대들이 버스 창밖으로 몸을 내밀고 길가에 있던 위구르인들에게 "왜 아직도 여기 있냐!"고 소리쳤다. 버스가 부르릉대며 그들을 지나가자, 십 대들은 왜 그 지역의 일부 위구르인이 여전히 끌려가지 않고 있는지에 대해 토론하기 시작했다. 켈비누르는 자신의 발을 내려다보며 아무 말도 하지 않았다. "아무 말도 할 수 없었어요. 그들이 맞다는 걸 알았으니까요. 그들은 원한다면 저를 쫓아낼 수도 있었거든요. 그들에게 그런 힘이 주어진 거죠."

ⅠⅠⅠ 스마트 수용소 ⅠⅠⅠ

기술은 북미 강제 수용소의 철조망과 자동소총 무기에서부터 [14] 남아공 아파르트헤이트Apartheid 시기의 통행증과 검문소에 이르기까지, 인구 통제의 역사에서 중요한 역할을 해왔다. 역사학자 앤 스톨러Ann Stoler가 보여주었듯, 식민지의 맥락에서 품행을 분류하는 기술은 점점 더 친밀한 방식으로 지배 관계를 정상화하는 효과를 갖는다.[15] 중국 서북부의 무슬림 인구를 억제하고 변형시키기 위한 "스마트"한 감시 시스템에 활용된 기술은 이러한 통제 시스템을 새로운 수준의 규모와 강도로 끌어올렸다. 기술이란 원인과 결과 사이의 거리를 멀게 만든다. 이로 인해 효과는 은폐되거나 향상될 수 있다. 과학이 그렇듯, 기술은 사람들이 종종 규범으로 기꺼이 받아들이는 제한적인 진실의 주장들을 제공한다. 종합하자면, 이는 인간성 말소의 과정을 가속화한다.

수용소 시스템의 따분함을 증폭시킨 점 중 하나는 경비대원과 자동 추적 카메라, 음성인식 기술이 어디에나 존재했다는 것에 있다. 켈비누르와의 긴 인터뷰에서, 그는 수용소에 간 첫날 경찰의 주둔과 높은 수준의 기술 보안에 얼마나 놀랐는지 회상했다.

"총으로 무장하고 있는 경찰이 너무 많아서 놀랐어요. 그곳이 정식 학교가 아니라는 걸 처음으로 인지한 순간이었죠. 현관 로비에는 어떠한 사건에도 대응할 준비가 된 많은 경찰이 앉아 있었어요. 전 그저 교육받지 못한 이들을 가르칠 예정이라고만 들었기 때문에, 처음에는 그들이 교육생을 보호하기 위해 거기 있는 게 아닐까 생각했죠."

정부 직원이 감방 문 중 하나를 열고 수감자들에게 교실로 가라고 했을 때, 비로소 켈비누르는 그들이 구금되어 있고 자신은 수용소에 있다는 사실을 깨달았다. 모든 수감자는 수갑을 차고 있었다. "내부 문건에서 언급하는 '훈련센터'와 수용소의 현실 사이엔 큰 차이가 있다는 것을 그때 깨달았어요. 수용소는 상상할 수도 없는 수준이었죠." 켈비누르가 이야기했다. 신장위구르자치구 정법위원회 서기 주하이룬朱海仑■은 경비대원들이 살상 무기를 소지해서는 안 된다고 내부 지시를 내린 바 있다.[16] 하지만 켈비누르는 그들 중 상당수가 수용소 안으로 총을 갖고 올 수 있었다고 말했다. 지시사항에서는 위생이 주요한 관심사였지만, 켈비누르는 기초적인 위생시설 관리가 방치되고 있다고 보았다. 지도부는 경비대원이 "교육생"을 때리고 고문하는 것에 대해 아무 말도 하지 않았지만, 켈비누르는 주기적으로 이를 목

■ 장쑤성 롄수이현 출신의 인물로, 미국과 영국, 캐나다, 유럽연합 정부의 제재 리스트에 이름을 올렸다. 그는 신장 지역에서 광범위하게 건설된 수용소와 관련된 비밀 문서의 결재자였다. 국제탐사보도언론인협회 국제협업 취재팀은 유출된 자료를 바탕으로 그를 "위구르족 감시·구금의 설계자"로 지목했다.

격했다.

수용소는 그곳에서 일어난 일에 대한 거짓된 현실을 창조하기 위해 기술적 통제를 할 수 있게끔 설계되었다. 이는 수용소 경비대원이 퀠비누르의 휴대폰을 검사하는 방식에서 명백하게 드러났다. "경찰은 우리에게 수용소에 도착하기 전에 전화기 전원을 끄라고 했어요. 어떠한 상황에서도 전화를 받거나 걸지 않았죠. 수용소에 도착하면, 그들은 전화기를 직원 사무실에 두도록 강제했습니다. 우리는 이곳을 떠난 후에야 다시 휴대폰을 사용할 수 있었죠." 퀠비누르는 이렇게 상기했다.

매일 아침 경찰이 데리러 올 때 퀠비누르가 자신의 휴대폰 전원을 끄는 것은 평범한 일상이 되었다. 딱 한 번 경찰은 바이무라트가 치타이에서 사용했던 것과 같은 장치에 퀠비누르의 휴대폰을 연결한 적이 있다. "그들은 제 휴대폰에 케이블을 꽂더니, 다시 돌려줬어요. 전 아무것도 묻지 않았죠. 그저 다른 사람들처럼 신분증을 건네줬어요. 그들은 이것도 스캔했죠."

수용소에 있을 때 퀠비누르는 언제나 카메라를 의식했다. 그는 말했다. "교실 앞쪽에는 네 대의 카메라가 있었고, 중앙에는 두 대가, 뒤쪽에는 네 대가 있었어요. 불빛이 그리 밝지는 않았지만, 그들은 우리가 하는 모든 걸 볼 수 있는 것 같았죠." 어느 날은 수용소의 카디르 소장이 퀠비누르에게 "지휘통제실"을 보여줬다. 모니터들이 길게 늘어서 있었고, 버튼이 많은 콘솔, 조이스틱 그리고 마이크가 있었다. 그곳에서 경비원 네 명이 24시간 교대 근무를 서며 스크린을 지켜봤다. 만약 수감자들이 바닥에서 일어나 대화를 나누면, 그들은 소리를 질렀다. "대화하지 마! 위구르어를 쓰지 마!" 어두운 조명 아래에서도 고화질로 얼굴을 인식할 수 있었다. 켈비누르에게 이는 꽤 놀라운 기억으로 남아 있다. 교대로 잠을 자야 할 정도로 사람들로 붐비는 감방 안에서도, 모든 얼굴이 마치 위챗 영상통화처럼 화면에 나타났다. 어떤 사람이 움직이면 그 움직임은 자동으로 감지되었다. "그들이 어떤 제스처를 취하든 카메라는 바로 포착했어요. 예를 들어 누군가 다른 사람에게 말을 걸면, 심지어 한밤중에도 경비원들이 인터폰으로 소리를 질렀죠." 켈비누르는 떠올렸다. 더 놀라운 점은 "경찰이 화면상에서 포착된 사람의 얼굴을 클릭하면 더 크게 확대해서 볼 수 있었다는 것"이다. 그들은 순식간에 수감자의 이름과 수감번호를 부를 수 있었다. 게다가 시스템을 통해 특정 수감자나 집단을 검색할 수도 있었다. 켈비누르는 말했다. "예를 들어 10호실을 확인하고 싶으면, '10'을 클릭하기만 하면 되는 거죠."

켈비누르가 본 것은 "스마트 수용소" 시스템[17]의 지휘통제실로, 다후아기술주식회사浙江大华技术股份有限公司에 따르면 "컴퓨터 비전 시스템, 빅데이터 분석, 클라우드 컴퓨팅"과 같은 기술로 지탱되는 시설이었다. 주하이룬이 승인한 지침 문건은 수용소가 "주변 격리,[18] 내부 격리, 보호 방어, 안전한 복도 및 기타 시설과 장비를 완벽하게 하고, 보안 기구와 보안 장비, 영상 감시, 원 버튼 경보 장치 등과 같은 장비가 적재적소에 기능할 수 있도록 해야 한다"고 규정하고 있다. 이 "스마트"한 수용소 계획은 수용소가 "학교처럼 가르치고, 군대처럼 관리되며, 감옥처럼 방비되어야 한다"[19]는 신장위구르자치구 당서기 천취안궈의 비전과 공명한다.

사설교도소 보안기술 협력 업체 라이방来邦科技股份公司의 문건에 따르면, 신장위구르자치구의 교도소 시스템 곳곳에 얼굴인식과 소위 "감정 혹은 영향 인식"[20] 기술이 설치되었다. 켈비누르가 우루무치 내 수용소에서 본 시스템도 라이방과 다후아가 구축한 시스템과 많은 부분 일치한다. 가장 정교화된 형태에서 이러한 시스템은 고화질 비디오 카메라를 통해 얼굴 표정을 지속적으로 평가하고, 수감자들의 감정 상태를 모니터링한다. 이 시스템은 수감자들의 정신 상태에 부합하는 "의무적 방해"와 "미묘한 방식으로 수행되는 생각의 변화"를 확증하는 문화적 프로그래밍을 왔다 갔다 함으로써 "수감자들의 사상적 문제를 일소하도록" 설계되었다.[21]

"스마트"한 감시뿐만 아니라, 수용소는 고도화된 교도소 보안의 모든 것을 갖추었다. 켈비누르는 "밖에서 보면 아무도 그것이 수용소라는 걸 확실하게 알 수 없을 것"이라고 말했다. "오직 수용소 안으로 들어가야만 여기가 수용소라는 것을 알게 되죠. 건물 안으로 들어가면 절대적으로 확신하게 될 거예요. 각 층 사이의 모든 중간 계단에는 철망이 세워져 있죠." 그러면서 그는 모기 한 마리도 이 울타리를 벗어날 수는 없을 것이라고 말했다. "마치 위험한 죄수들을 가두기 위해 사용되는 감옥처럼 보여요. 미국 영화에 나오는 것처럼 말이죠."

그곳이 수용소임을 알 수 있는 건 단지 풍경 때문만은 아니다. 쇠사슬 소리, 철문이 쨍그랑거리는 소리도 들린다. 심지어 교실에서 흘러나오는 중국의 애국 가요도 있다. 그런 소리도 그를 끊임없이 괴롭게 하지만, 수용소의 끔찍한 잔혹성을 고스란히 전해준 것은 취조실에서 들린 소리였다. "가끔 우리는 수용소에 처음 온 수감자들의 비명을 들을 수 있었어요." 켈비누르는 고통스러운 얼굴로 말했다. "카디르 소장에게 수감자들을 취조할 때 어떤 방법을 쓰는지 물었어요. 그는 호랑이 의자와 전기 모자, 전기 장갑이 있다고 했죠. 점심시간에 저는 비명을 들을 수 있었어요."

ⅠⅠⅠ 두 얼굴 ⅠⅠⅠ

신장의 재교육 시스템 아래에서 투르크계 무슬림 경찰보조원과 수용소의 교사들은 필수인력이면서도 종종 일회용품처럼 취급되며, 신뢰받을 가치가 있음에도 신뢰받을 가치가 없는 존재인 것처럼 취급된다. 바이무라트도 켈비누르도 자신들에 상응하는 대가 없이는 시스템에서 역할을 중단하는 것이 허용되지 않았다. "두 얼굴"로 분류되는 것의 위협이 언제나 그들을 괴롭혔다.[22] 그들은 이러한 위치에 놓이는 것이 그들 삶에 견딜 수 없는 압박을 낳는다고 이야기했다. 우울증과 수면 부족, 식욕 부진으로 인해 켈비누르의 혈압은 위험한 수준으로 떨어졌다. 그는 자살을 고민

했다. 한밤중에 경찰이 오면 재빨리 삼키기 위해 베개 옆에 약을 두었다. 걸어 다닐 수 없었고, 뇌졸중일 수 있다는 공포가 생겨 병원에 입원했다. 바이무라트 역시 비슷한 긴장감을 느꼈다. 밤잠을 설치던 그와 동료 경찰보조원은 이에 대처하고자 근무 중에도 술을 마시기 시작했다.

결국 바이무라트는 카자흐스탄 시민권과 국제적 관심의 위협을 이용해서 중국 국적을 포기하고 카자흐스탄 정부 공무원들의 도움으로 카자흐스탄으로 도피할 수 있었다. 켈비누르는 건강상의 이유로 퇴직했다. 그가 생각하기엔 관료의 실수로 인해 여권을 돌려받을 수 있었고, 유럽에 있는 딸을 만나러 갈 수 있었다. 이와 같은 제도적 간섭이 있기에 앞서, 그들은 당국으로부터 수용소 시스템에 참여하는 걸 거부한다면 구금될 것이란 말을 수없이 들어왔다.

수용소에서 보낸 많은 순간들은 바이무라트와 켈비누르의 마음속에서 쉴 새 없이 맴돌았다. 마침내 보호된 공간에 있게 되었을 때, 그들은 어쩔 수 없이 가담했던 것에 대해 사람들에게 말하지 않을 도리가 없다고 느꼈다.

그들이 가해자 혹은 존엄성 앞에 진실하지 못한 사람으로서 스스로를 인식한 순간은 바로 "두 얼굴"이 아니란 걸 증명해야만 했던 순간이었다. 바이무라트가 생각하기에, 사람들을 수용소에 가두는 일이 지닌 진정한 무게는 노약자들을 비롯해 위구르족과 카자흐족 여성들이 버스에 실리는 걸 목격했을 때 다가왔다. 그는 동료와 가족들이 족쇄가 채워진 채 끌려가는 모습을 봤을 때,

자신 또한 재교육 시스템의 표적이 될 수 있다는 사실을 완전히 깨달았다. 마찬가지로 켈비누르는 자신이 다른 투르크계 무슬림의 인간성을 말살하는 일에서 어떠한 역할을 하고 있음을 알아차렸을 때, 카메라가 그의 감정적 반응을 녹화하고 있음에도 몸을 돌려 흐느끼지 않을 수 없었다. 때때로 그들은 경찰보조원과 교사로서의 역할 속에서 "신뢰할 수 있음"이라는 가면 뒤에 숨을 수 있었지만, 스스로의 무슬림 정체성에서는 결코 벗어날 수 없었다. 그들의 인생 여정과 얼굴에서 엿보이는 투르크식 표현형 phenotype은 그들보다 앞서 드러났으며, 그들의 민족성은 언제나 그들을 인종화된 의심의 범주에 두었다.

이와 같은 인식의 순간은 1960년대 사회학자 프란츠 파농 Frantz Fanon이 묘사한, 어느 백인 프랑스인 아이가 유창한 프랑스어 화자이자 정신의학자인 파농을 가리키며 "이봐, 깜둥이!"[23]라고 언명했던 순간을 상기시킨다. 이 순간에 대한 분석에서 파농은 인종 차이 자체에 대한 평가를 통해 인종화racialization가 어떻게 벌어지는지 보여준다. 인종화된 식민지적 응시는 타자의 현상적이고 문화적인 정체성을 고정시켜, 식민지 권력 구조가 유지되는 한 극복할 수 없는 것으로 만든다. 피식민자들이 파농이 "흰 가면"이라고 칭했던 식민자의 언어를 아무리 잘 구사하더라도, 그들은 언제나 결여되어 있고 잠재적으로 "두 얼굴"을 가진 사람으로 인식될 것이다. 설령 피식민자들이 식민자를 흉내 내고 스스로를 치안 서비스와 법적 보호를 받을 자격이 있는 특정되지 않는 대상이라고 생각함으로써 피식민자의 연관성에서 벗어나려 시도한다고 하더라도, 이러한 보호막은 잠깐의 주목으로 해제될 수 있다. 바이무라트와 켈비누르가 갖고 있던, "신뢰할 수 있음"이라는 재교육된 가면은 옛 동료와 이웃들의 눈에 비친 스스로를 목도함으로써 슬그머니 사라져 버렸다.

인도 태생의 미국 철학자 호미 바바Homi Bhabha는 식민지 시대 인도의 맥락에서 파농의 탈식민화 체계를 고찰함으로써 식민지 권력이 지배 전략을 복잡하게 개발하는 방식을 연구했다. 그는 통역사의 계급이 그러한 시스템에 필수적이라는 걸 발견했다. 그러한 시스템의 논리에서 피식민자 하위주체subaltern와 식민자 관료들 사이를 오고 간 통역사 계급은 문화적 구별과 식민자의 가치관 형태를 받아들인다. 그런데 바바가 보여주듯, 통역사라는 혼종적 인물은 결코 이 역할에 충실할 수 없다. 대신 통역사는 양가적인 모습으로 남는다. 그들은 바바가 타자성의 허용된 형태로서 "식민자 존재의 부분적인 현시"라고 언급했던 것을 생산한다. 잔존해 있는 민족적 흔적 때문에 이들 통역자들은 영원히 흉내의 형태에 갇혀 있을 운명이며,[24] 사소한 실수에도 갑작스럽고 맹렬한 비난을 받아야 한다.

바이무라트와 켈비누르의 이야기는 평범하면서도 예외적이다. 아마 수용소의 투르크계 무슬림 노동자 대부분은 이들과 유사하게 극단적인 스트레스에 시달리는 순간을 경험하지만, 그들 중 다수는 이 시스템에서 벗어나지 못하고 있다. 그들은 형벌의 식민지에 처박힌 채로 공개적으로 말하지도 울지도 못하고 있다.

바이무라트와 켈비누르는 시간이 흐름에 따라 수용소 내 폭력의 어떤 양상들이 정상화되었다고 언급했다. 그들이 목격한 것에 놀라기가 점점 더 어려워졌다. 인간성을 말살하는 폭력의 일반화는 수용소 시스템 내에서 고유한 것으로 보였다. 하지만 예외적인 순간들도 있었다.

공유된 경험의 순간은 바로 권력이 상연되는 순간이다. 수감자들로부터 빗발치는 시선을 받는 극히 부정적인 경험은 식민지적 상태의 권력을 발휘한다. 동시에 활성화된 목격의 순간들, 타인의 자아를 인식하고 그들의 고통을 공유하는 순간들 역시 탈식민적 거부의 형태를 생성할 수 있다. 이와 같은 형태의 순간들은 바이무라트와 켈비누르의 인생을 영원히 바꾸었다. 내가 한 명의 인류학자로서 주목하는 것은 이와 같은 형태의 순간들이다. 이를 수집하고 번역하는 것은 세계가 투르크계 무슬림이 고통받는 것을 입증하는 방식을 형상화할 잠재력을 갖고 있다. 이러한 탈식민적 충동을 잘 묘사하는 위구르 속담이 하나 있다. "호수는 한 방울씩 형성된다tama—tama köl bolar."

2018년 신장위구르자치구에서 연구하는 동안 인터뷰했던 어느 위구르족 여성은 자신이 알고 있는 경찰보조원 중 많은 이들이 자살을 생각했다고 말했다. 또 다른 사람들은 재교육 시스템에서 일하는 친척이 늦은 밤 귀가하면 종종 눈물을 터트렸다고 말했다. 수감자들을 등지고 칠판 앞에서 울었던 그날 이후, 켈비누르는 그들이 굶주리고 있는 모습을 생각하지 않고서는 찐빵을 먹는 게 불가능해졌다고 이야기했다. "눈 내리는 걸 보면 울지 않을 수가 없어요. 차가운 감방에서 꽁꽁 얼어붙은 그들이 생각나기 때문이지요."

동물들

40

∎

2017년 중반, 아딜벡Adilbek이라는 이름의 카자흐족 농민이 몇 달 전 아내와 아이들과 함께 이사 갔던 카자흐스탄에서 중국으로 돌아왔다. 완전히 이주하기 위해 그는 지역 생산대로부터 빌린 약 100마리의 양 떼를 돌려주어야 했다. 베라의 고향에서 약 30킬로미터 떨어진 우쑤시 인근의 고향 마을에 도착한 이튿날, 현지 경찰이 와서 그의 여권을 빼앗았다. 그는 단지 임시로 돌아온 것일 뿐이며, 생산대의 양 떼를 모아 약 2,000에이커의 산악 목초지를 새 주인에게 양도하려면 한두 달 정도 시간이 걸릴 것이라고 설명했다. 아딜벡은 당시 상황을 이렇게 떠올렸다. "아내와 아이들은 이미 카자흐스탄 시민권자고, 저 역시 카자흐스탄 시민이 될 계획이었어요. 저는 준비가 되면 다시 여권을 가지러 오겠다고 말했죠."

아딜벡은 양 떼 사육과 사업상 거래를 마친 후, 여권을 요청하고자 경찰서를 찾았다. 경찰은 그에게 다른 여섯 곳의 기관으로부터 각각 승인을 받아야 한다고 말했다. "그래서 그 승인 도장들을 모두 받아왔죠. 그랬더니 이젠 일곱 개의 도장이 필요하다고 하더라고요. 그러면서 맨 처음부터 다시 받아와야 한다고 하는 거예요. 그래서 전 다시 시작했습니다. 그러자 그들은 제게 더는 관여하지 말라고 하더군요. 자기들이 해주겠으니, 준비가 되면 부르겠다면서요." 아딜벡이 이야기했다. 그 무렵 베이징에서는 제19차 당대회가 열려 전국의 정부 사무실들은 문을 닫았고, 지방정부 관계자들은 향후 50일 동안 여권 업무를 하지 않을 것이라고 아딜벡에게 말했다.

표면상 아딜벡은 시스템의 관료주의적 요식에 봉쇄된 것처럼 보였다. 그러나 아딜벡은 보다 치명적인 힘이 작동하고 있음을 깨달았다. 그는 신뢰할 수 없는 "극단주의자"로 끼워 맞추어졌다. 경찰이 다시 여권을 회수하기 위해 도장을 두 번 받아야 한다면서 그를 소환했다. 그러고는 절차 진행을 위해 그를 병원으로 데려가 건강검진을 받게 했다. 무언가 잘못되어 가는 것처럼 보였다. 그들은 아딜벡에게 체포 고지를 하지는 않았지만, 신고 있던 신발을 빼앗고 끈이 없는 신발 한 켤레를 건넸다. "제가 그들 모두를 알고 있다 보니 수갑을 채우지는 않더군요. 어릴 때부터 다 알던 사이였으니까요."

건강검진은 무척 빨리 끝났다. 혈액 검사, 음성 녹음, 홍채 스캔이 다였다. 한데 경찰은 어떤 학교에 들를 필요가 있다고 말했다. 아딜벡은 떠올렸다. "'그 학교'에 도착했을 때, 저는 두껍고 검은 대문이 있는 걸 봤어요. 그곳으로 들어가기 전 그들은 제게 수갑을 채웠죠."

아딜벡은 수용소 문을 보자마자 무언가 확실히 잘못되었다는 것을 알았다. "그 순간 너무나도 무서웠습니다." 그는 회색 추리닝으로 갈아입고, 머리에는 검은 두건이 뒤집어씌워졌다. "저를 그곳으로 데려간 경찰보조원들은 제가 수용소에 수감될 거라고 말했어요. 제게 묻더군요. '무슨 짓을 한 거야? 당신 이름을 주면서 여기로 데려오라고 하더군.' 저는 대체 무슨 죄를 지었는지 몰랐고, 그래서 그들에게 애원했어요. 아무도 제가 그곳에 있는 이유를 알지 못하더라고요. 그들은 절 어둠 속으로 끌고 갔고, 저는 소리를 질렀죠."

위구르족과 카자흐족의 할랄 표준 개념에서, 도축을 앞둔 동물은 그 차례가 오기 전까지는 다른 동물의 죽음을 목격해서는 안 된다. 축복을 비는 속성 기도를 한 후, 목을 신속하게 자름으로써 빠르고도 예상치 못한 죽음이 되도록 해야 한다. 아딜벡은 위구르족과 카자흐족 사람들이 수용소를 완곡하게 표현하는 말인 "검은 문" 뒤에서, 그의 죽음을 앞두고 준비하는 것만 같다고 느꼈다. 그들은 앞으로 무슨 일이 일어날지 그가 알기를 바라지 않았다. 아마 이런 식으로 그를 다루는 게 더 쉬우리라 여겼기 때문일 것이다. 어쩌면 아딜벡을 신경 써서 그의 사회적 죽음이 신속하게 이루어지길 원했기 때문일 수 있다. 아딜벡은 결코 알 수 없을 것이다. 그 후 1년 동안 아딜벡이 겪은 인간성 말살의 수준은 그로서는 상상도 하기 어려운 수준이었다. 아딜벡은 말했다. "우리는 개만도 못한 취급을 받았습니다." 내가 인터뷰한 열두 명 이상의 다른 수감자들처럼, 그의 삶은 살아남기 위한 투쟁이 되었다.

ⅠⅠⅠ 비인간화 기계 ⅠⅠⅠ

아딜벡은 수감 생활 첫 6개월을 스스로 "감방"이라 부르는 공간에서 보냈다. 그곳에서 그가 가장 먼저 알게 된 것은 "문이 너무 두껍다"는 사실이었다. 그 문에는 "반장"으로 지정된 두 명의 수감자에게 경비원들이 음식을 건네주는 구멍이 뚫려 있었다. 시멘트벽으로 둘러싸인 방에는 2층 침대가 아홉 개 있었고, 한쪽 벽에는 화변기가 있었다. 두 대의 카메라가 있었는데, 방 앞쪽에 있는 감시 카메라 옆에는 스피커와 오디오 녹음 시스템이 있었다. 그들은 밤에도 불을 끄지 않았다.

아딜벡이 감방에 도착했을 때, 수용소 간수들은 그의 수갑을 풀고서는 침대 위층에 배정되었다고 말했다. 그러나 그들은 낮에는 침대에 앉거나 누워선 안 된다고 덧붙였다. 대신 그는 똑바로 앉아 있어야 했다. 인터뷰에서 이 상황을 전할 때 아딜벡은 가슴을 펴고 머리를 높이 쳐들며, 이 꼿꼿한 정좌를 어떻게 해야 했는지 보여주었다. "그들이 우리에게 의자를 가져다줄 때까지, 한 번에 몇 시간씩 바로 이렇게 침대에 앉아서 벽을 보거나 벽에 걸린 텔레비전을 보고 있어야 했어요. 원한다고 해서 아무 때나 움직일 수 없었죠. 허락을 받아야 했어요." 동쪽으로 30킬로미터 떨어진 베라가 있던 수용소와 마찬가지로, 수감자들은 자동화된 감시 시스템과 이를 모니터링하는 경비원들에 의해 온종일 극도의 정지 상태에서 가만히 앉아 있도록 강제되었다. 수감자들은 긴장을 풀지 못했고, 시간이 지나면서 그들의 신체는 크게 무너지기 시작했다. "침대들 사이에 놓인 플라스틱 의자에 앉아서 규칙을 암송했어요. 중국어를 할 줄 알든 모르든 낭독해야 했죠. 그리고 오랫동안 앉아 있어야 했기 때문에 대부분 장이 아주 약했죠." 바이무라트 또한 치타이 수용소의 많은 수감자들이 직장탈출증으로 고통받았던 것을 떠올린 적이 있다. "그러한 문제를 겪을 때에서야 의사를 접견하는 게 허락됐어요." 이어서 그는 수감자들이 병원으로 호송될 때 자동무기로 무장한 경찰들에 의해 족쇄가 채워지고 두건이 뒤집어씌워졌던 방식을 묘사했다. 베라가 경험한 방식과 동일했다.

아딜벡과 같은 수용소의 여성 구역에 있던 페이질렛Payzilet이라는 이름의 수감 경력자는 수분 부족과 영양·섬유질 배분의 부족이 뒤섞여 이와 같은 소화계통 질환이 생긴 것이라고 떠올렸다. 페이질렛에 따르면, 할당된 시간 안에 화장실에 다녀올 수 없는 경우가 자주 있었다. "우리가 매일 먹었던 건 대체로 묽은 국물 한두 그릇과 찐빵 한두 개 정도였거든요. 마시는 게 거의 없었으니 화장실에 빨리 다녀오는 것도 힘들었죠."

나와 대화를 나누었던 수감자들은 하나같이 밤에 잠을 자는 일이 힘들었다고 말했다. 아딜벡은 회상했다. "우리 감방에는 스물세 명 정도가 있었는데, 그들 중 일부는 한 침대에서 자야 했습니다." 그들은 서로의 발과 머리를 맞대고 잠을 갔다. 페이질렛이나 베라와 마찬가지로, 그들은 손이나 담요로 불빛을 막을 수 없었다. 카메라가 감시했을 뿐만 아니라, 수감자 중 두 명은 밤중에도 불침번을 서도록 배정되었다. 아딜벡은 말했다. "만약 누군가 말하거나 움직였는데 신고하지 않는다면, 끌려나가 구타를 당할 수도 있었어요."

처음 6개월 동안 수감자들은 매주 샤워하는 것을 제외하고는 감방을 떠날 수 없었다. "우리는 그저 거기 앉아서 시진핑의 시찰을 시청했죠." 아딜벡이 말했다. "주말에는 중국이 얼마나 번영했는가에 관한 영상을 몇 시간 동안이나 시청했어요." 그들은 카자흐어나 위구르어로 말할 수 없었다. "우리는 우리의 기질에 대해 글을 쓰는 척하면서 입을 움직이지 않고 서로에게 속삭였어요. '넌 어디 출신이야?' '하는 일은 뭐고?' '여긴 왜 오게 됐어?' 누군가는 카자흐스탄에 갔다고 했고, 누군가는 이맘이었으며, 누군가는 종교적인 교리가 담긴 USB를 판매했고, 또 누군가는 자신의 휴대폰에 종교와 관련된 내용을 저장해두고 있었다고 했어요."

벽에는 확성기가 달려 있었다. 그리고 매일 아침 수감자들을 깜짝 놀라게 했다. 5분 안에 그들은 "군대에서 하는 것처럼" 옷을 입고 침대를 정돈해야 했다. 간수들은 이를 조사하기 위해 감방에 들어가지는 않았다. 그저 문에 있는 구멍이나 카메라를 통해 들여다볼 뿐이었다. "그들은 무언가 깨지거나 망가지지 않는

한 우리 방에 들어오려 하지 않았어요. 만약 들어올 일이 생긴다면, 우리에게 '바오터우抱头'라고 소리쳤죠." 의자에서 벌떡 일어난 아딜벡은 어떤 모습인지 보여주었다. 두 손을 목 뒤로 움켜쥐고 머리를 아래로 끌어당기면서, 인생에서 여러 번 복종의 위치에 있었던 사람처럼 쪼그려 앉았다.

샤워는 일주일에 한 번만 허용되었다. 스물세 명 전원이 샤워할 시간은 고작 10분밖에 주어지지 않았고, 차가운 물도 대여섯 번밖에 분출되지 않았기 때문에 가능한 한 방에서부터 [샤워를] 준비하려 애썼다. "우리는 그들이 문을 열 때까지 '바오터우' 하고 자세를 취하고 있어야 했고, 그러고 나서야 샤워하러 갈 수 있었습니다. 다들 서로를 밀고 당기기 일쑤였는데, 먼저 도착하지 않으면 샤워할 수도 없었죠. 그들은 우리에게 수건과 칫솔 그리고 늘 다툼의 원인이 되었던 작은 비누를 주었어요. 언제나 싸움이 있었지만, 간수들이 우리를 향해 소리를 질렀기 때문에 다들 최대한 서두르고는 했습니다."

수용소 기계는 수감자들을 서로 다른 방향으로 휘둘렀다. 수감자들은 존엄을 유지하기 위해 깨끗해지기를 원했다. 살아남기 위해 충분한 먹을거리를 바랐다. 그러나 수용소는 이러한 것들을 희소자원으로 삼았기 때문에 그들은 서로 경쟁해야 했다. 그런데도 가끔은 간수들의 곤봉과 전기 충격기에 대한 공포, 호랑이 의자에서의 구타가 이러한 욕망을 압도했다. 수감자들은 자신들이 동물에 불과하며, 생존 여부는 간수들의 기분에 달려 있다는 것을 반복해서 듣고 또 목격했다. 아딜벡은 내게 말했다. "간수들은 곤봉과 전기 충격기를 갖고 있었고, 만약 그들을 거스른다면 곧바로 구타를 했죠. 저는 그들이 수감자들을 때리는 것을 여러 번 봤어요. 아주 흔한 일이었거든요. 규율을 지키지 않거나 말대꾸하면 그들은 곤봉을 휘둘렀어요."

아딜벡에 따르면 간수들은 때로는 벌이라도 주는 것처럼 심하게 때리기도 했지만, 때로는 "양 떼를 모는 농부처럼" 지도하는 것에 더 가까웠다. 만약 "국어"나 보통화―아딜벡은 수용소에서 중국어 이름을 사용했다―를 말하지 않을 경우에는 극도로 힘든 타격이 찾아왔다. "만약 선을 넘으면" 징벌의 충격이 가해졌다. 남부 도시 아투스阿图什의 수용소에서 위구르족 수감자들과 함께 있었던 어느 한족 남성은 이렇게 말했다. "경찰은 폭력을 행사할 때 자신들이 수감자들을 가르치고 또 변화시키고 있다고 생각해요. 그들은 우리를 진짜 인간처럼 대하지 않죠." 이러한 형태의 신체적 학대와 훈육은 아우슈비츠에서 프리모 레비가 가졌던 기억과 포개진다. "몇몇 카포■들은 단순히 잔인하고 폭력적이어서 우리를 구타하지만, 어떤 카포들은 사나운 말을 다루는 마부들처럼 독려의 의미로,¹ 짐을 나르는 우리에게 주먹을 휘두르며 매질을 한다."■■

아딜벡은 많은 수감자들이 공격받지 않기 위해 가능한 한 규율에 복종하려 애썼다고 말했다. "하지만 가끔은 우리가 그저 걷고

■　다른 유태인을 감시하는 역할을 맡은 유태인을 지칭한다.

■■　프리모 레비 지음, 이현경 옮김, 《이것이 인간인가》(돌베개, 2007)

있을 때도 때리곤 했어요. 그리고 언제나 우리를 향해 소리를 질렀죠. 간수들은 우리를 가축이라고 불렀어요. 동물 말이에요. '움직여, 움직여! 이 돼지머리야!'라고 소리쳤죠." 하급 간수들은 대부분 한족 감독관의 지시를 받는 카자흐족과 위구르족이었지만, 이들은 하나같이 중국어로 수감자들에게 고함을 질렀다. 페이질렛에 따르면, 특히나 잔혹했던 위구르인 여성 간수 아이굴Aygul은 자신이 알아본 위구르족 여성 수감자들을 구타하기 위해 한족 남성 간수들을 부르기도 했다. 그때 아이굴은 이렇게 말했다. "나는 네가 베일을 썼던 것을 기억해. 넌 맞아도 싸." 예르잔 쿠르만Yerzhan Kurman이라는 카자흐족 남성은 2019년 독일 주간지 〈디 차이트Die Zeit〉와의 인터뷰에서 위구르족과 카자흐족 간수들이 카자흐스탄 접경에 있는 한 수용소의 감방에 갇힌 수감자들에게 이렇게 말한 사실을 증언했다. "너희들은 말할 권리가 없어. 인간이 아니니까 말이지.[2] 만약 인간이었다면, 여기 오지도 않았을 거야."

아딜벡이 보기에, 간수들이 수감자들을 다루는 방식은 분명 체계적이었다. 수용소의 메커니즘은 소장의 심리를 반영했는데, 그는 거의 무한한 권력을 갖고 있었다. 아딜벡은 고개를 저으면서 말했다. "간수들의 민족성 같은 건 중요하지 않았어요. 그들에게는 그런 방식으로 행동하게끔 하는 상급자가 있었고, 이 모든 것은 카메라를 통해 녹화되었죠. 상급자들이 가까이 오면, 간수들은 복도에서 '바오터우! 바오터우!' 하고 외치곤 했어요. 건물 전체에 이 소리가 울려 펴졌습니다. 책임자는 왕씨 성을 가진 한족 남자였죠. 그는 늘 있는 것처럼 보였어요. 어떤 사람들은 그가 오지 않을까 두려운 나머지 오줌을 싸기도 했죠. 그는 자기가 원하면 언제든 왔거든요."

우루무치에 있는 수용소로 돌아온 퀠비누르는 카디르 소장이 보고를 올렸던 한족 남성도 이와 비슷하게 행동했다고 말했다. 카디르는 수용소를 확장하라는 지시를 받았을 때 그에게 물었다. "그럼 각 방에 15명씩 가는 건가요?" 그러자 당 간부는 웃으면서 말했다. "난 네게 호텔을 지으라는 게 아니야. 수용소를 지으라는 거라고. 50~60명씩 들어가면 되겠지."

무슬림의 인간성을 말살하는 것은 당-국가의 핵심 지도부가 "테러와의 인민전쟁" 초기에 지시한 것이었다. 2014년 시진핑과 다른 영도자들은 위구르족 테러리스트와 극단주의자들을 함께 "타격"해야 하는 쥐라고 묘사했다.[3] 벽을 가득 채운 벽화와 관

■ 2014년 5월 3일 시진핑 주석이 신장위구르자치구 우루무치시 시찰에서 한 발언을 저자가 축약해 해설한 것이다. 당일 신화사 보도 〈시진핑의 신장 시찰 기록: 민족 간 단결은 발전과 진보의 초석이다习近平新疆考察纪实:民族团结是发展进步的基石〉에 따르면, 당시 시진핑 총서기는 민족 간부들에게 다음과 같이 말했다. "신장의 여러 민족 군중은 우리의 형제자매이며, 종교 극단사상과 테러리즘은 우리 모두의 적입니다. 형제자매가 단결하여 우리는 정성과 진심을 다 바쳐야 하고, 공동의 적을 타격하기 위해 무자비하고 날카롭게 맞서야 합니다. 여러 방식의 '집단적 방어와 치리(통치·관리)群防群治' 활동을 심도 있게 전개하고, 테러와의 인민전쟁에 힘써 철옹성을 쌓아야 합니다. 폭력 테러범들을 '길거리 쥐를 사람마다 잡자고 외치듯이过街老鼠、人人喊打', 극소수에 대한 타격을 통해 대다수를 교육하고 단결해야 합니다." 발언 내용 중 "길거리 쥐를 사람마다 잡자고 외치다"는 1942년 마오쩌둥이 〈당팔고에 반대한다反对党八股〉라는 제목의 연설에서 언급한 구절을 재인용한 것으로, 모두 함께 '당팔고(명청기 전통적인 문장 형식)'라는 공동의 적에 맞서 싸워야 한다는 주장을 은유적으로 나타내기 위해 사용한 표현이다. 저자의 해설은 은유적 표현에 대한 오해에서 비롯된 것으로 보인다.

영매체 출판물에서는 위구르인과 카자흐인을 해충이나 악령 같은 극단주의자로 묘사하는 미디어 선동이 시작되었다. "신뢰할 수 없다"고 간주되는 모든 무슬림을 추방할 수 있는 초법적이고 "스마트"한 수용소 시스템의 설립은 이러한 악마화를 일상으로 만들었다. 어느 위구르인이 끌려갔을 때—또 다른 쥐가 아파트 건물에서 체포됐다며—한족 이웃이 박수를 쳤던 것도 이 때문이다.

⋮⋮⋮ 재교육 감각신경 ⋮⋮⋮

내가 만난 모든 수감자는 자신들의 세계가 음식이나 대소변, 중국어 암송 등 당면한 걱정을 중심으로 돌아가기 시작했다고 말했다. 바깥세상은 서서히 희미해졌다. 나중에 한 공장에서 강제노동을 하게 된 예르잔 쿠르만은 수용소에 수감되고 처음 두 달간은 "아내 메이누르와 세 아이들을 생각했다"고 말했다. 하지만 그는 "언젠가부터는 오직 음식에 대해서만 생각했다"[4]고 회상했다. 다른 시기에 공식 선고 없이 구금되었던 수감자들처럼, 시간은 생존의 리듬에 맞추어 흘러갔다.

미각, 후각, 청각, 통각과 같은 감각신경은 감방 벽에 부착된 규율들로 모아졌다. 아딜벡은 "수용소 규율 중 하나는 수감자들이 할랄이나 그에 상응하는 중국식 단어인 '칭전淸眞'을 사용할 수 없다는 것이었다"고 떠올렸다. "그저 주는 대로 먹는 거죠. 그들은 언제나 한 그릇에 주었는데, 충분한 양이 아니었어요. 그 한 그릇과 찐빵 한두 개가 전부였지요. 사람들은 언제나 배고픔을 느꼈습니다. 문 아래쪽에는 음식을 그릇에 부을 수 있는 구멍이 있었고요."

음식을 받는 과정은 애국가 제창이나 규정 낭독과 한데 묶여, 카메라와 오디오 시스템을 통해 면밀하게 관찰되었다. 아딜벡에 따르면, 베라처럼 다른 수감자들을 감시하도록 배치된 "반장"이 있었다. 이들은 모두가 차렷 자세로 서서 최대한 큰 목소리로 노래를 부르고 나면, 문에 난 구멍에서 음식을 받아왔다. 이때는 TV에서 음악이 흘러나왔고, 반장들은 노래방 식으로 한자 노래를 불렀다. 아딜벡은 회상했다. "가끔 그들은 우리가 밥을 먹기도 전에 대여섯 곡의 노래를 부르라고 요구했어요. 배고플 때 그들이 원하는 대로 노래를 부르는 건 정말 힘든 일이죠. 이따금 그들은 우리에게 '한 곡 더! 한 곡 더!' 소리를 지르기도 했어요. 그들에게는 이 모든 게 하나의 놀이였던 거죠. TV에서 노래를 부르라고 지시하면 각 감방에 있는 모든 수감자, 수용소 전체가 큰 소리로 노래를 불렀습니다."

페이질렛은 수용소 반대편의 여성 수감자 구역에 있었는데, 수감자들에게 배급되는 채소 수프를 얻고자 이렇듯 노래를 부르는 관행이 있었다는 사실을 별도의 인터뷰에서 인정했다. "어쩔 때는 수십 번씩 노래를 불러야 했어요. 중국어를 몰라서 노래도 몰랐던 노인들이라고 하더라도 예외 없이 불러야 했죠. 간수들은 우리가 이 노래의 의무를 다하지 않으면 두 시간 동안 투명의자

자세로 쪼그려 앉게 했어요. 저는 '반장'이었기 때문에 책임을 져야 했지요. 때로는 젊은 수감자들이 노인들 대신 자기들을 처벌해달라고 요청하기도 했습니다." 이따금 페이질렛은 몸이 아프거나 쪼그려 앉을 수 없는 사람들이 좀 더 가벼운 벌을 받게끔 협상할 수 있었다. 그는 어깨높이로 손을 올려 보이며 말했다. "간수들은 우리에게 두 손을 벽에 붙인 후, 벽을 보고 서 있게 했어요. 만약 손을 떨군다면 처음부터 다시 해야 했죠." 이 모든 것이 카메라를 통해 감시되었고, 수감자들은 마치 TV 속 기괴한 리얼리티쇼의 참가자들처럼 이러한 신체적 명령을 따라야 했다.

심지어 수용소 바깥에서도 사람들은 노래와 구호가 수용소 안에서 음식을 받는 것과 연관되어 있음을 이해했다. 내가 2019년에 인터뷰한 한족 여성 루인은 어느 위구르족 가정을 방문했을 때 그들이 자신에게 이렇게 말했다고 한다. "간수들이 '누가 매일 식량을 줍니까?'라고 묻는다면 정답은 '시진핑'이죠. 이렇게 답하지 않으면 수용소에서 밥을 먹을 수 없어요."

구금되고 몇 달 후, 페이질렛과 아딜벡은 일주일에 두세 번씩 수업을 받기 시작했다. 대부분의 수용소와 마찬가지로, 그곳에는 교사와 수감자들을 나누는 장벽이 있었다. 아딜벡은 말했다. "의자는 책상에 묶여 있어 따로 움직일 수 없었고, 너무 가까이 붙어 있었기 때문에 책상이 배를 심하게 눌렀죠."

우쑤시에 위치한 수용소에는 카자흐족, 몽골족, 위구르족, 한족 교사들이 있었다. 수감자들 일부가 대학을 졸업했음에도, 교사들은 초등학교 수준의 한자와 병음을 가르쳤다. 그들은 수감자들에게 점차 더 많은 애국 노래들을 가르쳤고, 시진핑의 말을 외우도록 했다. 아딜벡처럼 중국어를 모르는 사람들은 다른 교육생들에게 배워야 했다. "그들은 '너희는 여기서 무언가를 배우러 온 게 아니야. 너희들이 무엇을 아는지는 중요하지 않아. 너희는 벌을 받고 있는 거야'라고 말했어요." 그렇기에 교사들은 아딜벡이 매주 써내는 "사상 보고"가 실은 다른 이들이 대신 써준 것이라는 점이나, 아딜벡은 그걸 읽을 수도 없다는 사실은 신경 쓰지 않았다. "아마 이렇게 적혀 있었을 거예요. '저는 범죄자입니다. 다시는 그러지 않겠습니다. 저는 지금 극단주의에 관한 75가지 법률이나 다른 15가지 법률을 배우고 있습니다.' 이런 문장들이 적혀 있었던 것 같은데, 언제나 다른 사람들이 써줬기 때문에 잘 모르겠어요."

시간이 흐르면서 일상이 된 매일의 폭력이 수감자들을 뒤덮었다. 오랜 시간 의자에 앉아 있거나, 샤워하러 서둘러 달려가는 일, 또 턱없이 모자란 식단 등이 굼뜬 무감각을 낳았다. 수감자들이 비교적 드물게 감방 밖으로 나가게 되는 경우, 켈비누르를 비롯한 수용소 노동자들도 이러한 변화를 알아차렸다. 감방의 철문은 짧은 쇠사슬로 묶여 있었고, 그래서 30센티미터도 안 되는 만큼만 문을 열 수 있었기 때문에 교실로 이동할 때 수감자들은 한 번에 한 명씩 몸을 수그리고 나가야 했다. "수감자들은 감방에서 나갈 때 걷는 대신 기어가야 했어요. 한족 간수들은 이런 모습을 보고, 비웃고 조롱했죠. 수감자들이 개처럼 기어가야 했거든요." 주의를 끌지 않기 위해 자연스레 침묵하고, 또 줄줄이 다른 이의 뒤를 쫓아 기어갔던 수감자들의 이러한 행동은 그들을 겁먹은 동물처럼 보이게 만들었다.

켈비누르는 또한 배관시설이 없는 감방에서 간수들이 마치 오물을 처리하는 환경미화원처럼 냄새를 맡지 않기 위해 코를 막거나 마스크를 썼다는 데 주목했다. "수감자들이 수업을 듣거나 샤워실로 갈 때가 되면, 모든 한족 간수들은 마스크를 썼어요. 문이 열리면 역겨운 악취가 온 바닥에 스며들곤 했죠. 안쪽을 들여다보고 어디서 냄새가 나는지 살필 기회가 있었는데, 침대 끄트머리에 양동이가 놓인 것이 보이더군요. 내가 양동이를 사용할 때 다른 사람들이 쳐다보는 모습을 상상해봤어요. 일주일에 한 번만 양동이를 씻게 했고, 수감자들은 그걸 사용할 수밖에 없었죠. 그 역겨운 악취 속에서 살아야 했던 겁니다."

켈비누르는 층마다 화장실이 있는 수용소의 다른 구역에서는 수감자들이 하루에 한 번 화장실을 사용할 수 있었다고 언급했다. 그러나 그들에게는 고작 1분 정도밖에 시간이 주어지지 않았고, 전기봉이나 나무 몽둥이로 인한 충격의 위험을 무릅써야 했다. 배설물과 땀의 냄새는 두려움과 비인간성의 냄새가 되었다. 수감자들이 그런 것에 익숙해질 즈음, 수용소 노동자들에게도 영향이 미쳤다. 2018년 초 위구르족이 인구 다수를 차지하는 현의 어느 한족 수용소 노동자는 자신이 매일 검거하는 수감자 수백여 명의 냄새가 그 공간으로 스며들었고,[5] 어느새 자신의 식욕을 앗아가고 있다는 것을 인지했다.

2017년 6월, 카디르 소장은 켈비누르에게 큰 가방을 수용소

내 사무실로 옮겨달라고 부탁했다. 켈비누르가 가방 안에 무엇이 들었는지 묻자, 한 동료는 수감자들의 새로운 속옷이라고 말했다. 수용소에는 샤워실이 없었기 때문에, 그들은 몇 달 내내 씻지도 못하고 있었다. "그들의 속옷은 너무나도 더럽고 냄새가 독했어요. 그래서 카디르는 간수들이 찐빵을 배급할 때, 문 구멍으로 속옷을 나눠주었으면 했죠."

또 다른 경우, 켈비누르는 수감자 유니폼이 왕창 쌓여 있는 안쪽 마당에서 한족 간수들이 웃고 있는 걸 보았다. 야외에서는 그 냄새가 수감자들의 단체복을 삶아야 할 만큼 강하지는 않았다. "여기저기 이가 있다는 걸 알아차렸어요. 간수들은 웃고만 있었죠. 그들은 제게, '이가 너무 끈질겨'라고 말했어요. 그들에게는 단순한 농담일 뿐이었죠." 감방에 갇힌 수천 명의 수감자가 겪는 비참함은 중요하게 여겨지지 않는 것 같았다.

ⅠⅠⅠ 요양원에서의 죽음 ⅠⅠⅠ

몇 달 후, 아딜벡과 페이질렛은 우쑤시 북서쪽에 있는 요양원을 개조한 새로운 수용소[6]로 옮겨졌다. 이감되기 전 아딜벡은 "더 자유로운 데다 음식도 잘 나오는 곳"이라는 소문을 들었다. "하지만 그렇지 않았죠."

요양원 수용소의 감방들에는 중국 철도의 침대칸처럼 3층으로 된 침상 여섯 개가 놓여 있었다. 비좁은 침상 사이는 1.5미터밖에

되지 않았고, 낮 동안에는 수감자들이 침대 위에 앉는 것이 허용되지 않았다. 아딜벡이 수감된 감방에는 화장실과 샤워기가 있었다.

그러나 아딜벡은 곧바로 새로운 환경의 규율이 더 가혹하다는 사실을 깨달았다. "저는 유일한 카자흐인이었어요. 나머지는 모두 위구르인이었죠. 경비원들은 우리에게 너무 무례했어요. 그들은 더 자주 사람들을 때렸죠. 발로 걷어차거나 곤봉으로 때렸어요. 수용소에서 이틀이 지난 후, 간수들이 '머리 숙여! 머리 숙이라고!' 하고 고함치면서 들이닥쳤어요. 다행히 전 다른 사람들 앞에서 엎드릴 수 있었고, 가볍게 차이기만 했죠. 하지만 다른 사람들, 특히 노인들은 심하게 걷어차였어요. 간수들은 일부러 군화로 가랑이를 걷어차려고 했죠. 다치게 하고 싶었던 거예요. 다음 날, 어떤 노인분은 서 있을 수도 없었고요."

결국 아딜벡이 위구르족이 아닌데도 우연히 이들의 감방에 갇혔다는 사실이 밝혀졌다. "간수가 묻더군요. 왜 카자흐족이라고 말하지 않았냐고요. 그는 우리 방 '반장'의 뺨을 때렸어요. 그리고는 타타르족 한 명과 카자흐족 일곱 명이 있는 다른 방으로 저를 데려갔죠. 이감 이후 그들은 더는 우리를 때리지 않았습니다. 하지만 다른 방들에서 터져 나오는 비명을 들을 수 있었죠. 그들은 분명 우리보다 위구르족 사람들을 더 학대했어요."

페이질렛의 새 감방은 설비가 덜 갖추어져 있었다. "우리에게는 변기로 쓸 양동이밖에 없었어요. 바로 위에 카메라가 있었지만, 우린 점점 서로와 카메라 앞에서 양동이를 쓰는 일에 익숙해졌죠. 가끔 양동이가 넘쳐도 간수들은 꺼내지 못하게 했어요." 페이질렛은 자기 방의 "반장"으로 지정된 이후, 좀 더 자주 양동이를 비워달라고 청원하려 했다. "비위생적이라서 질병이 퍼질 것이라고 말했죠." 그러나 간수들은 그를 무시했다. 그들은 서서히 악취 속에서 살아가는 것에 익숙해졌다.

얼마쯤 후 페이질렛의 바로 위층 감방에서 큰 사건이 일어났다. "한밤중에 쾅 하는 소리가 들렸어요." 곧이어 수용소 전체의 불빛이 어두워졌다. 그때 페이질렛은 누군가 뛰어가는 소리를 들었다. 다음 날, 수업 시간에 여기저기 소곤거리는 말들이 들렸고 그는 그 굉음이 한 위구르족 여성이 자살을 시도한 소리라는 것을 알게 되었다. "3층 침대에서 바닥으로 머리부터 떨어졌대요." 페이질렛이 말했다. "그에게는 9살짜리 딸과 1살짜리 아기가 있었는데, 고아원으로 끌려갔다고 했어요. 그래서 스스로 목숨을 끊은 거죠." 감방에 있던 다른 사람들은 침대 담요로 시신을 감싸고, 밖으로 끌고 갔다고 했다. 얼마 지나지 않아, 관리들은 수용소에 진료실을 만들었다. 페이질렛은 또 다른 "비정상적 죽음들"을 감추기 위한 것이라고 추측했다.[7] 아딜벡은 그 수용소의 다른 구역에 있었지만, 페이질렛이 들은 이야기에 대한 대략적인 윤곽을 확인해주었다. "저도 누군가 자살했다는 이야기를 들었어요."

||| 무력감 |||

재교육 수용소 안에서는 바깥에서의 삶이나 사랑했던 것에 대한 애착의 감각을 유지하기 어려웠다. 이따금 이와 같은 격리는 거칠게 일어났다. 페이질렛은 처음 수용소에 도착했을 때 함께 구금된 젊은 엄마들이 아이들을 위해 울고 있었다고 회상했다. "아이들을 집에 두고 떠나도록 강요받은 많은 여성들이 절규하고 있었죠. 그러면 경찰이 와서 그들을 데려갔고, 몇 시간 후 돌아와서 침묵을 지켰어요. 가혹하게 구타를 당했던 거죠." 은밀한 귓속말들을 통해 페이질렛은 그들 중 일부가 젖먹이 아기를 남겨둔 채로 와야 했다는 걸 알게 되었다. "어떤 사람은 남편마저 끌려갔기 때문에 아기를 돌봐줄 사람이 없다고 했어요."

국경 지역에서 온 한 카자흐족 여성은 여동생인 누르술루 레바이Nursulu Levai와 남편이 붙잡혀 갔을 때, 집에 남겨진 아이들은 어린이를 위한 다른 "수용소"에 보내졌다고 내게 전했다. 그는 눈물을 글썽이며 말했다. "그 아이들은 부모 없이 자라고 있어요. 첫째는 여섯 살인데요. 일주일에 한 번 그 애와 동생이 조부모를 방문하도록 허용될 때, 부모를 애타게 찾는대요. 처음에는 카자흐어로 '우리 엄마 아빠를 찾아주세요!'라고 애원했대요. 그러다가 중국어로 애원하기 시작했다더군요. 그 아이들은 더는 카자흐어를 말하지 않는대요. 이제는 거의 내내 침묵할 뿐이죠. 그 애들은 정말 조용해요." 중국 정부 문서들에 따르면, 위구르족 인구가 다수인 일부 지역에서 5세 이하 아동의 70퍼센트[8]가 보통화로 교육이 이루어지는 "우정 유아원/유치원"■에 수용되어 있으며 그들의 부모는 수용소나 교도소 또는 공장에 있다. 가족 분리는 이제 위구르족과 카자흐족 사회 전반에 걸쳐 나타나고 있다.

시간이 흐르면서 사회적 고립과 가족 분리, 지속적 감시는 철저하게 무기력을 낳았다. 아딜벡이 수용소 생활을 하면서 가장 힘들었던 경험 중 하나는 현실을 왜곡하도록 끊임없이 강요받는 일이었다. 매달 수용소와 인접한 면회소에서 친척들과 만날 때 특히 고통스러웠다. 그는 말했다. "면회 온 친척을 볼 때가 되면, 검은 두건을 머리에 쓰고 양손은 뒤로 묶인 채 면회소로 옮겨졌어요. 간수들은 우리가 그들을 만나기 전 수갑과 두건을 풀었고 자신들의 곤봉도 내려놓았죠. 그러니 친척들은 이를 볼 수 없었어요. 언제나 누군가 지켜보고 있었고, 메모를 하고 있었습니다. 우리는 '모든 게 좋아'라고 말해야 했죠. 간수들이 '울지 마. 당신 문제들에 대해 이야기하지 마. 모든 것이 훌륭하다고 말해야 해'라고 일러주었으니까요." 비록 면회실에 있던 모든 사람이 그들이 진실을 말할 수 없도록 강요받았다는 걸 알았지만, 이 연출된 현실을 아무도 부정할 수 없었다. "카메라들이 있었습니다. 그들은 모든 것을 지켜보고 있었죠. 우리는 아무 말도 할 수 없었어요. 친척들에게 제 아이들과 만나고 있는지, 연락은 되는지 물을

■ 원문 Kindness Kindergartens은 신장위구르자치구 곳곳에 설치된 '우정 유아원 友谊幼儿园'을 영역한 것으로 보인다.

뿐이었고 그러면 그들은 고개를 저었어요. 그들은 혼자 오지 않았습니다. 언제나 생산대장과 함께 왔죠. 그들도 많이 무서웠을 거예요." 카자흐스탄의 안전한 곳에서 이를 떠올리자 아딜벡의 두 눈에는 눈물이 맺혔다. 그는 손등으로 눈물을 닦고, 숨을 길게 들이마셨다. "자신에게 무슨 일이 일어나고 있는지조차 말할 권리가 없다면, 살아가기가 정말 힘들어요."

아딜벡은 자신이 왜 끌려갔는지 전혀 이해하지 못했다. "다른 사람들과 이야기를 나누면서, 우리는 모두 무죄라는 걸 알았어요. 그래서 어쩌면 풀려나지 않을지도 모르겠다고 생각하기 시작했죠. 저는 몇 번이고 내가 왜 여기까지 오게 되었냐고 소리쳤어요. 그들 앞에서 수없이 많이 울부짖었어요. 그들은 누가 데려왔는지 모른다고 말하더군요. 그러다가도 '저를 잡아온 자들이 저를 잡아왔기 때문에' 제가 유죄임을 깨달아야 한다고 말했어요." 구금에는 어떠한 목적이나 논리도 없는 것처럼 보였다.

수용소에서의 시간은 사람들이 자신의 삶을 무기한 보류하도록 강제했다. 2019년 국가 공인 아래 한 수용소를 방문한 어느 북미 출신 기자가 감방 벽에 새겨진 위구르어 문장을 몰래 촬영했다. 이렇게 적혀 있었다. "이 기숙사 방은 훌륭한 기숙사 방이야. 조금만 버텨, 내 마음아." 내가 인터뷰한 많은 수감 경험자들은 수용소에 있을 때 가장 힘들었던 점으로, 언제 석방될지 모른다는 것을 꼽았다. 신체적인 움직임과 말, 굶주림 그리고 질병을 통제할 수 없었기에 수감자들은 육체적으로나 정신적으로 지쳐갔다. 그들은 수용소 밖에 있는 사랑하는 것들과 점점 멀어져 갔다. 간수들이 원하는 대로 말하고 행동함으로써, 생존 그 자체에 집중하기 시작했다. 아딜벡 등 내가 인터뷰한 수감 경험자 일부는 주기적으로 자신의 아이들을 생각했다. 그러나 다른 이들은 중요한 날짜를 잊어버리기도 했고, 어떤 경우에는 오랫동안 가족을 생각하지 않기도 했다고 말했다. 생일이나 모성, 가족애를 나누던 시간이 수용소의 시간으로 대체되었다. 먹고 마시고, 화장실을 사용하고, 건강을 유지하며, 줄에서 벗어나지 않는 등 당면한 요구를 제외하고는 모든 것이 사라졌다.

이러한 시간의 말소는 프리모 레비가 아우슈비츠에서 보낸 시간에 관해 쓴, 잊을 수 없는 구절을 떠올리게 한다. "그들에게 미래의 문제는 몇 달 전부터, 몇 년 전부터 빛을 잃었다.[9] 눈앞의 급박하고 구체적인 문제 앞에서 먼 미래의 중요성은 모두 사라져 버렸다. 눈이 오지 않을까, 부려놔야 할 석탄이 있을까, 오늘은 얼마나 먹을 수 있을까 하는 문제들 앞에서."

자유가 없는 사람들

닭장

∎

　에르바키트 오타르바이Erbaqyt Otarbai의 악몽은 2017년 8월 18일 우루무치 인근 광석 야적장에서 트럭에 실린 짐을 내리던 중 시작되었다. 보안원이 다가와 중국-카자흐스탄 국경에서 여섯 시간 거리에 있는 그의 고향 타청지구에서 온 경찰이 그를 찾는다고 일러주었다. 전날 그 경찰들은 에르바키트를 심문하고는 조사한다는 이유로 스마트폰을 압수했다. 자신을 만나러 그렇게 먼 길을 왔다는 점이 이상하다고 생각했지만, 그들은 에르바키트가 체포 과정에 있었다는 사실을 말해주지 않았다. 신앙심이 깊지 않고, 법을 위반한 사실도 없는 카자흐족 중년 남성인 그는 실제로도 별로 걱정하지 않았다. "전 범죄자도 아니었고, 그래서 두려울 게 없다고 생각했어요. 트럭을 모는 운전사로서 유일하게 걱정했던 건 미납된 교통위반 범칙금이 있을 가능성뿐이었죠."

하지만 몇 시간 후, 고향의 "호랑이 의자"에 앉아 족쇄가 채워졌을 때, 심원한 공포가 그를 압도했다. 그 감정은 결코 사라지지 않았다. "그들은 제게 '여기 앉아서 질문들에 대답하라'고 말했어요. 그러고는 '당신 이슬람사원에 간 적 있지? 카자흐스탄을 위해 기도했나? 카자흐스탄엔 왜 갔지? 와하비 무슬림들과 접촉한 적이 있나? 술은 마시나?' 같은 질문들을 던졌죠." 에르바키트는 그들에게 자신이 술을 좋아하며 심지어 때로는 신성모독을 하기도 한다고 답했다. 하지만 그들은 답변에 만족하지 않았다. "제 스마트폰에 페이스북과 인스타그램, 왓츠앱이 설치돼 있다고 하더군요. '왜 이 앱들을 쓰고 있었던 거지?' 물었습니다." 그는 카자흐스탄에 사는 많은 친구들이 그 앱들을 쓰고 있고, 병든 아버지를 돌보기 위해 중국으로 귀국하기 전 그들과 이야기를 나누기 위해 다운로드한 것이라고 말했다. 어쨌든 중국에서는 그 앱들이 작동하지 않았기 때문에 큰 문제라고 생각하지 않았던 그는 다음과 같이 말했다. "전 어떠한 불법적인 내용도 보내지 않았으니 직접 살펴보세요." 그리고 그렇게 말한 바로 그 순간, 자신은 실제로 독실한 사람이 아니었음에도 불법이라는 것을 알기 전에 일부 종교적 영상¹을 공유했다는 사실이 떠올랐다.

때는 한밤중이었다. 경찰들은 모든 위구르인과 카자흐인이 받았던 것과 비슷한 "건강검진"을 위해 족쇄를 찬 채 그를 근처 병원으로 데려갔다. "제 목소리를 녹음하고 홍채를 스캔했어요." 새

벽 2시경, 그들은 무거운 수갑을 채운 상태로 에르바키트를 구치소로 데려갔다. 간수는 그를 맞이하면서, 그가 지금 감옥에 있다고 말하며 정수리를 금속 곤봉으로 내리쳤다. 에르바키트의 얼굴 위로 피가 흘러내렸고, 다른 이슬람교도 예비 범죄자들로 가득 찬 감방으로 인도됐다.

치타이에서 카슈가르에 이르기까지, 지역 전역의 재교육 수용소에서 반복적으로 들려오는 이야기들은 다른 사람들이 튀르키예행 비행기 표를 샀기 때문에 끌려온 것이라고 말하고 있었다. 어떤 카자흐족 사람은 카자흐스탄에서 유학하던 중 구금되기도 했다. 어떤 이들은 기도를 너무 자주 했거나 담배를 끊었기 때문에 그곳에 있었다. 또 다른 사람들은 정부 승인 없이 현금 대출을 해주거나 받았다. 그리고 어떤 이들은 누군가가 유심칩을 등록하기 위해 자신의 신분증을 사용하는 것에 동의했기 때문이었다.

"왓츠앱을 썼다는 이유로 그곳에 오게 되었다는 이야기를 하자, 그들은 제가 틀림없이 오랫동안 수용소에 있게 될 거라고 말했어요." 수감자 대다수가 카자흐스탄과 연이 있는 카자흐족 시민들이었던 이 수용소에는 왓츠앱을 사용했다는 이유로 잡혀온 사람들이 많았던 것으로 드러났다.

에르바키트는 그 구치소에서 98일을 보냈다. 미결수들을 위한 감옥이었기 때문에 공식적인 재교육 수용소보다 더 잔혹한 처우를 받았다. "그들은 오전 6시에 우릴 깨우고, 감방 안을 뛰어다니게 했어요. 무거운 족쇄를 차고 있다 보니 고통스러웠죠. 어쩔

땐 발목에서 피가 나기도 했어요. 그러고 나면 공유 공간의 끄트머리에서 꼼짝 말고 앉아 있어야 했죠. 움직이지도 못하게 했어요. 한데 우리 중 몇몇이 결국 움직이게 되면, 우리 모두를 구타했죠."

고통은 구타가 행해지는 순간만이 아니라, 며칠 내내 이어질 것이었기 때문에 에르바키트는 공포 속에서 살았다. "간수들은 1.5미터 정도 길이의 나무 곤봉으로 우리의 엉덩이를 때렸습니다. 사람들을 벽을 향하게 서 있도록 했죠. 그러면 처벌받던 누군가가 얼굴을 바닥으로 하고 바닥에 엎드렸고, 간수 둘이 곤봉으로 엉덩이를 때렸어요. 이렇게 맞고 나면 앉아 있는 게 거의 불가능했습니다. 하지만 다음 날이 되면 몇 시간이고 앉아 있어야 했어요. 그렇지 않으면 또 맞을 테니까요."

잔혹함은 감방 안에 스며들어 수감자들을 변화시켰다. 수감자들 사이에 싸움이 일어나기도 했다. "감방에서 다른 이들과 말다툼을 한 적이 있는데, 간수들이 바로 절 때렸죠." 에르바키트는 잊어버리려는 듯 고개를 흔들었고, 말없이 몸서리쳤다.

결국 에르바키트는 타청지구 반대편에 있는 한 수용소로 옮겨졌다. 남동쪽으로 300킬로미터 떨어진 우쑤의 수용소와 마찬가지로, 이 새로운 수용소 역시 요양원을 개조한 곳이었다. 양옆의 경찰보조원과 함께, 에르바키트와 감방 동료들은 밴에 태워졌다. "우린 수갑을 차고, 족쇄를 차고, 두건을 쓰고 있었어요. 사이렌 소리가 내내 요란하게 울리고 있었죠."

다른 재교육 수용소와 마찬가지로, 낮에는 침대에 앉아 있을 수 없었다. 조명은 결코 꺼지지 않았다. 수감자들은 의자에 앉아 밥을 먹기 위한 노래를 불렀다. 그들은 중국어로 된 정치교육 강연을 끊임없이 시청했다. 중국어에 대한 업무 지식을 갖춘 덕에, 노래를 부르거나 매주 "사상 보고"를 작성하는 일은 에르바키트에게 그리 어렵지 않았다. 그는 운이 좋은 사람 중 하나였다.

▮▮▮ 애완동물 ▮▮▮

에르바키트는 교사 중 몇몇은 자신이 아는 사람이라는 걸 알게 되었다. 그들은 동창이거나 동료였다. 그들 중 한 명은 에르바키트에게 수감자들의 질서를 잡는 일을 도와달라고 요청하기도 했다. 그는 동료 수감자들에게 수업 시간에 똑바로 앉아 열정적으로 낭독을 해야 하며, 그렇게 하지 않으면 벌을 받을 수 있다고 말했다. 에르바키트는 자신이 다른 사람들을 이끌고 "씨에씨에, 시 따따谢谢, 习大大!"라고 가능한 한 크게 외쳤다는 걸 상기했다. 그는 22곡의 애국 노래들을 외웠다.

■ "감사합니다, 시 어버이!" 정도의 뉘앙스를 갖는다. '따따'는 중국 화북지방과 서북지방의 방언으로, 부친이나 부친의 형제를 다소 애교 섞인 느낌으로 부르는 호칭이다. 미국과 독일, 홍콩의 언론 보도에 따르면, 2016년 3월 시진핑 주석은 당 매체에 자신을 '시 따따'라고 칭하지 말고 '시진핑 주석'이라고 칭할 것을 분명히 요구했다. 그러나 하급 단위로 내려가면 이런 지시와 무관하게 과잉 충성 의례가 범람하기 때문에 실제 신장의 재교육 수용소에서 '시 따따'가 통용되었을 수도 있다.

이 이야기를 할 때 에르바키트는 활짝 웃으면서 그의 묵직한 바리톤 음성으로 노래를 불러 방 안을 가득 채웠다. "공산당이 없었다면, 신중국도 없었으리没有共产党就没有新中国."■ 이게 얼마나 터무니없이 들리는지 안다는 듯, 그의 얼굴에 허탈한 웃음이 떠올랐다.

그가 도착하고 약 1년 후인 2018년 11월, 수용소 당국은 바느질이나 그 밖의 일을 하고 싶은 사람이 있는지 물었다. 수백 명이 자원했지만, 고작 150명만이 이 일을 시작하는 데 필요한 이데올로기와 언어 시험을 통과했다. 에르바키트는 이번에도 성공 스토리 중 하나가 되었다.

새로운 공장은 수용소와 같은 단지에 있었지만, 건물은 달랐다. 새로 축조된 철골 구조물 안에는 약 300개의 재봉틀이 설치되었다. 한족 여성 두 명이 수감자들을 담당했다. 그들은 수감자들에게 교복 일부를 꿰메는 법을 가르쳤다. 이 작업에 능숙해진 수감자들은 중국남방항공 로고가 찍힌 천으로 냅킨을 만들기 시작했다. 늦은 밤, 수감자들은 애국가를 부르고 정치사상을 공부하기 위해 교실로 돌아왔다. 이 이야기를 할 때 에르바키트는 또 다른 노래를 부르기 시작했는데, 얼굴에는 다시 완연하게 반어적

■ 대략 어떤 분위기인지 살펴볼 수 있는 영상들이 있다. 먼저 공산당 창당 100주년 축하 행사에서 울려 퍼진 합창 영상을 다음의 링크에서 볼 수 있다. https://www.youtube.com/watch?v=2hT4ch8n-Ok 신장위구르자치구의 어느 재교육 수용소에서 남성 수감자들이 무릎을 꿇고 합창하는 영상 링크는 다음과 같다. https://www.youtube.com/watch?v=9qzK40mLq88

인 미소가 번졌다. 그는 코웃음을 치면서 말했다. "그들은 임금을 준 적이 없어요." 이어서 농담을 던졌다. "임금을 줬다면 거기 남았겠죠."

새로운 작업 방식이 시행되고 1~2주 후, 공장의 한족 관리인은 수감자들이 어떻게 일하는지 보기 위해 방문객이 올 것이라고 말했다. "그들은 우리가 이 말을 중국어로 반복하게 했어요. '저는 실업자였습니다. 기술을 배우기 위해 자발적으로 여기 왔어요. 당이 우리를 보살펴주는 것이죠.'"

그들을 찾아온 것은 기자들이었다. 에르바키트는 공장 맨 뒤편 근처에 있어 외운 대사를 암송할 기회조차 가질 수 없었다고 했다. "그들은 우리 라인 맨 앞에 있는 몇 명에게만 질문을 던졌어요." 기자들은 자신들이 본 것에 만족하는 것처럼 보였다.

2019년 초, 에르바키트는 뜻밖에도 수용소에서 풀려났다. 그의 아내는 카자흐스탄 시민이 되어 그의 송환을 청원하고 있었다. 그 후 6개월 동안 그는 자신의 오래된 아파트가 위치한 지역 근처에서 사구 사무실에 묶여 있었다. "나갈 수가 없었어요. 만약 감독 없이 외출하면 수용소로 다시 보내지리라는 것을 알았거든요. 그래서 다섯 명의 사구 관리자들을 위해 요리를 하고, 사무실과 화장실을 청소하고, 그들이 마실 물을 끓였어요."

민정부 소속으로서 수감자들과 수감 경력자들을 책임지는 두 한족 여성이 에르바키트의 "생활 교사"가 되었다. 매주 월요일 에르바키트는 그들을 따라 감시대 앞으로 가서 국기 게양에 참여했다. "예전에는 당이 나를 얼마나 보살펴주는지 알지 못했다면서 매번 큰 목소리로 자아비판을 했어요. 그리고 이제는 당을 아낀다고 말했죠. 그러고는 수용소에서 배웠던 노래들을 불렀어요."

그는 언제나 얼굴에 미소를 머금고 있었다고 말했다. 누가 다가오건 허리 숙여 절하고 고개를 끄덕였으며, 오직 중국어로만 대화했다. "마음속으로는 아직도 내가 멀쩡한 인간이 아니라고 느꼈어요." 그는 재교육받은 미소를 모방하면서 말했다. "그들이 요구하는 모든 것에 대해 '씽, 씽! 하오, 하오!行, 行！好, 好！(오케이! 좋습니다!)'라고 대답했죠." 그는 배꼽 잡고 웃으며 덧붙였다. "마치 그들의 애완동물이 된 것 같았어요. 바로 이게 재교육이 제게 가르쳐준 거예요."

ⅠⅠⅠ 자유가 없는 노동자들 ⅠⅠⅠ

에르바키트가 수용소 내 공장에서 일하기 시작하기 몇 달 전, 굴지라 아울칸Gulzira Aeulkhan은 남쪽으로 600킬로미터 떨어진 굴자Ghulja■의 수용소에서 에르바키트가 있는 수용소로 이송되었다. 이제 막 걷기 시작한 아기의 엄마였던 39살의 굴지라는 15개월 동안 최대 60명의 위구르족 수감자들로 바글바글한 감방에서 끔찍한 학대를 경험했다.[2] 그 감방에 있던 수감자들은 화장

■   굴자ﮬﯘلجا의 중국어 명칭은 이닝시伊宁市다.

실을 2분 넘게 사용할 경우 전기봉으로 머리를 맞아야 했다. 바싹 민 머리카락은 타박상 일부를 가릴 뿐이었다. 수감자들은 고위 관리들이 수용소를 방문하기 전에 머리카락과 두피를 어둡게 하기 위해 염색을 해야 했다. 시찰이 이루지는 동안에는 웃고 있어야 한다는 지시도 함께 떨어졌다.

굴지라는 상대적으로 낮은 수준의 "예비 범죄 사범"—중국 정부가 유엔에 제공한 문건에 따르면 모든 재교육 수용소 수감자는 실제로도 범죄를 저지르지 않았다[3]—이었기 때문에, 경비 인원이 가장 적은 수용소에 수감되었다. 그를 "신뢰할 수 없는" 존재로 낙인찍은 것은 이전에 카자흐스탄에 방문한 적이 있으며, 여성들이 히잡을 쓰는 튀르키예 TV쇼를 시청한 적이 있다는 점이었다. 굴지라가 있던 수용소 구역에서는 사상 재교육에 대한 강조가 덜했다. 그 대신 수감자들은 온종일 중국어를 공부했다. 카자흐어와 위구르어는 허용되지 않았다.

수용소에서 풀려났을 때 굴지라는 자신에게 더 큰 자유가 주어질지도 모른다고 생각했다. 그러나 며칠 지나지 않아, 지역의 한 영도자는 그가 장갑 공장으로 출근해야 한다는 서류를 들고 나타났다. 공장에 도착하자 굴지라는 자신의 새로운 상사이자 주임인 왕싱화王兴华[4]를 알아보았다. 수용소 관리들이 순회할 때 몇 차례 그를 본 적이 있었다. 굴지라는 아직 수용소에 있던 시기에, 그가 자신을 이 공장에서 일하게끔 선택했으리라 추측했다.

왕싱화는 허베이성 바오딩시에 본사를 둔 제조업체 루예슈

워즈다오무역회사保定市绿叶硕子岛商贸有限公司와 계약을 맺었다. 2018년 12월 4일 이리카자흐자치주TV伊犁哈萨克自治州广播电视台에서 방영된 인터뷰에서 그는 "정부의 지원으로 이미 600명 이상을 모집했다"고 말했다. 이 600명의 정부 "구직자" 중 두 사람은 앞 장에서 언급했던 예르잔 쿠르만 그리고 굴지라였다.

인터뷰에서 왕싱화는 말했다. "2017년에 공장을 새로 설립한 이후, 우리는 600만 [미국] 달러 이상의 매출을 올렸습니다. 올해 말까지 1,000명이 넘는 노동자를 확보할 계획입니다. 그리고 2019년 말까지 1,500명의 일자리를 해결할 계획이고요." 사실 굴자의 장갑 공장은 허베이성에 위치한 모기업 공장의 채용 인원인 200명 미만[5]을 훨씬 초과하는 수용력을 갖고 있다. 제조업을 신장으로 옮기는 것은 러시아와 동유럽 시장에 전체 제품의 96퍼센트를 팔고 있던 이 회사에게 큰 의미가 있는 일이었다.

하지만 기하급수적인 성장이 그토록 용이했던 데에는 다른 이유들이 있었다. 2018년부터 정부는 신장에 공장을 짓고 상품을 운송해오는 일에 보조금을 지급하고 있다. 공장 건설은 종종 중국 동부의 지방정부로부터 "대구지원对口支援"* 자금을 지원받았다. 새로운 공장으로부터의 운송비를 충당하기 위해 판매량의 최대 4퍼센트가 지원되었다.[6] 가장 중요한 것은 인근 수용소에 굴

■ 상대적으로 고도로 발달한 도시와 저개발 지역 간 자매결연 형식의 맞춤형 지원 정책을 가리킨다. 1992년을 시작으로, 지난 30년간 크게 확대되어 현재는 약 1,700여 개의 협력 프로젝트가 재난, 경제, 의료, 교육 등 다방면을 아우르며 시행되고 있다.

지라처럼 자포자기하여 정신적 충격을 받은 수감자 수만 명이 대기하고 있었다는 점이다.

2017년 이래 공장들은 재교육 수용소와 연계된 신설 공단 건설과 그에 따른 저렴한 인건비 및 보조금 등의 이점을 취하기 위해 신장으로 몰려들었다. 2018년 말, 신장 지역의 주요 개발 부처인 신장발전개혁위원회新疆维吾尔自治区发展和改革委员会는 수용소나 "직업기술교육 및 훈련센터"가 경제 안정화의 "매개체"가 되었다는 내용의 성명[7]을 발표했다. 이 시스템 덕분에 신장위구르자치구는 "동부 연안의 기업들로부터 엄청난 규모의 투자와 건설"을 유치해왔다. 중국은 면화의 80퍼센트 이상을 신장에서 조달하기 때문에,[8] 신장은 섬유 및 의류업에 특별히 강조점을 두고 있었다. 최소한 어느 정도는 동부 연안 한족 농민공들의 인건비 상승에 따른 동기 부여로, 2023년까지 정부는 100만 개 이상의 섬유 및 의류업 일자리를 이 지역으로 옮기겠다고 계획했다.[9] 만약 이 계획이 성공한다면, 중국의 섬유 및 의류업 전체 일자리 중 11분의 1이 신장에 있게 될 것이다.[10] 굴자에 위치한 장갑 공장의 일자리 1,500개는 그 일부인 셈이다.

대체로 위구르족과 다른 투르크계 이슬람교도가 재교육 노동 체제의 일환으로 새로 건설되는 공장에서 일하도록 비자발적으로 배치되는 세 가지 경로가 있다. 하나, 수용소의 수많은 피구금자들은 수용소 내부나 인근의 공장에 배치된다. 에르바키트와 마찬가지로, 그들은 야간에 운영되는 동일한 수용소 공간 내에서 일하도록 배정된다.

둘, 지역의 중심지에 건설되는 일부 신설 공단에는 굴지라와 같이 이전에 구금되었던 이들과 구금된 적이 없는 "농촌 잉여 노동자"가 뒤섞여 있다. 이러한 잉여 노동자들은 자영업 농민 인구와 문화유산 무역업 및 서비스업 쪽에서 기간제 노동을 해온 근교 도시의 카자흐족과 위구르족 중에서 정부 관료들이 선택한 사람들이다. 도시의 공단에서 이러한 잉여 노동자들과 합류한 전 구금자들은 흔히 야간에는 문이 잠기는 기숙사에 머문다. 중국 동부 연안의 농민공들과 같은 이 "잉여 노동자들"은 야간에 자기 집으로 돌아가거나 해당 지역의 중심에서 자유롭게 선택한 숙박 시설에 체류하는 일이 허용된다.

셋, 농촌 지역에 새로 지어진 현급 및 소규모 "위성 공장"은 위구르족 노동자들을 그들의 집 인근에 수용한다. 대부분 어린 자녀를 둔 이들 여성 노동자들은 향진급* 당국에 의해 배치되며, 그들의 아이들은 탁아소에서 돌봐주고 남편은 도시에서 일하거나 수용소에 구금되어 있다. 이러한 세 가지 경로에는 서로 다른 수준의 강제성이 있지만, 모두 가족 분리의 형태를 초래하고 중국어 사용환경에서의 훈련과 규율을 위해 국가 및 민간 산업 대리인들에 의존한다. 그들은 때때로 무슬림 수용소 노동자들처럼 밤에 귀가할 수도 있지만, 허락 없이 퇴직하는 것은 허용되지 않는다. 그들 모두 일종의 강제노동에 갇혀 있는 것이다.

수용소 시스템과 관련된 국가 관료들이 사용하는 문서에 따

■ 중국의 행정구역은 성·자치구-시-현-향진 순의 피라미드 구조로 되어 있다.

르면, 공장 노동 배치나 다른 형태의 노동 할당 등을 완곡하게 표현하는 말로 쓰이는 "빈곤 경감"을 거부한다는 것은 신뢰할 수 없는 종교적 극단주의의 신호[11]로 간주된다. 경찰서나 사영·국영 기업과 협력해 캠페인을 시행하는 기층 공무원들은 관할구역 내 인구에서 직원들을 공급하는 책임을 진다. 통상 그들은 노동자들을 인솔해 공장으로 가고, 때때로 공장 경영진과 노동자 사이의 중개자 역할을 맡기도 한다. 또한 공장 현장에서, 경우에 따라서는 기숙사에서 규율을 집행한다. 시장 기반 계약법과 관련한 "자유"가 철저하게 위배되는 가운데, 정부의 일부 관료들은 무슬림 노동자들이 가족과 떨어져 한족이 관리하는 공장에서 저임금으로 일하는 걸 원치 않는 유일한 이유가 비이슬람교도와의 접촉을 혐오하기 때문이라고 단정한다. 위구르족과 카자흐족 사람들에게 중국어를 사용하는 환경에서 일하도록 강요하는 것은 정부 소속 노동자나 고용주가 그들을 고유의 생활 방식과 전통으로부터 해방시키는 것으로 뒤집어씌워질 수 있다. 이러한 프레임은 위구르족과 카자흐족, 후이족의 자치권을 박탈해 만들어낸 국가 및 시장 의존의 과정을 생략한다.

예르잔과 굴지라가 배정된 장갑 공장에는 수감 경력자들과 비자발적으로 할당된 "잉여 노동자"가 섞여 있는 것으로 보였다. 많은 사람들이 수용소에서 잠시 풀려나 공장에 도착했다. 하지만 당국의 보고서에 따르면, 첫 번째 수감자들이 수용소에서 이감되기 훨씬 전인 2017년 중반에 1,800여 명의 다른 사람들이 공단에 배치된 것으로 보인다.[12] 예르잔과 굴지라에 따르면, 일찍 왔던 이 사람들은 "정상" 인구의 일부로 확정되어 수용소에는 배치되지 않은 채 일자리가 배정된 "두 번째 경로"의 농업 노동자들이다.

굴지라는 수습생으로서 첫 3개월 동안 매달 600위안(약 11만 원)을 지급받았는데, 이는 정부가 정한 법정 최저임금의 3분의 1에 해당했다. 또한 그는 자신의 "능률"에 따라 장갑 한 켤레당 0.2위안(36원)의 적은 금액을 받았다. 굴지라는 떠올렸다. "가장 숙련된 노동자는 하루에 60켤레를 바느질할 수 있었어요. 최선을 다했지만, 저는 겨우 13켤레만 만들어냈죠."[13] 굴지라는 시력이 좋지 않았기 때문에, 자신의 생산 수준을 향상하는 것이 불가능하다고 생각했다. 그는 기자 벤 모크Ben Mauk에게 말했다. "그곳에서 한 달 반 정도 일했는데요. 그건 도급 일이었어요. 저는 장갑 한 켤레마다 0.1위안(18원)을 받았죠. 그곳에 있는 동안 모두 합쳐 2,000켤레 이상의 장갑을 만들었고, 220위안(약 3만 6,000원)을 벌었어요. 네, 맞아요. 그러니까 노예나 다름없었죠."[14]

공장 안은 보안이 덜했음에도 구금자들은 떠날 수 없었다. 굴지라는 자신이 국경을 넘어 카자흐스탄으로 도피하고 몇 달이 지난 2020년 1월에 가진 인터뷰에서, 기숙사와 공장 입구에 신분증과 얼굴을 스캔하는 검문소가 있었다고 말했다. "도착했을 당시 그리고 한낮에 몸과 핸드폰 수색을 받았어요. 날이 저물어 기숙사로 향할 때면 그들은 우리가 바느질용 바늘을 가져갈까 봐 걱정해 재차 확인하고는 했죠. 경찰보조원과 알게 된 후, 우리는 그들에게 '왜 아직도 우리를 지켜보냐'고 물었어요." 그들은 아무런 대답도 하지 않았지만, 그녀는 이 질문에 답하는 것이 보안 노동자들이 "재교육된" 고분고분한 산업 노동자처럼 행동하는지 아닌지 여부를 감시하고 있음을 알았다. 그는 자신이 아는 다른 모든 투르크계 무슬림처럼 여권을 몰수당했고, 공단이든 상대적으로 자유로운 마을이든 그들이 배치된 지역의 한도를 벗어나는 여행은 허락되지 않았다. 게다가 다른 대다수 노동자와 마찬가지로 굴지라에게는 이곳을 벗어나고자 누군가에게 몰래 찔러줄 돈도 거의 없었다. 공장에서의 일상은 수용소에서의 생활보다는 나았지만, 굴지라는 이 새로운 공간에서 자신이 진정으로 재교육을 받아 산업 노동자가 되었음을 증명해내길 요구받고 있다는 것을 알았다.

공장과 공단의 규율 바깥에서 물리적 장벽으로 이루어진 시설들은 그의 삶의 일부였다. 매일 밤 퇴근 후 굴지라를 비롯한 구금자들은 버스를 타고 3킬로미터 정도 떨어진 곳에 임시변통으로 세운 기숙사로 옮겨졌다. 기숙사에서는 수감자들이 영내를 돌아다닐 수 있도록 허용되었지만, 밖으로 나갈 수는 없었다. 캐나다 일간지 〈글로브앤드메일The Globe and Mail〉의 보도에 따르면, 노동자들은 "업무 이전에는 공장에서 낭독 시간을 가졌고, 일과가 끝날 즈음에는 45분 동안 중국어 수업을 받았으며, 야간에는 관료의 감시를 받았다".[15]

예르잔과 굴지라는 주말 하루 몇 시간 동안 가족을 방문할 수 있었다. 회사 버스는 그들을 기숙사에서 고향 마을까지 왕복으로 실어 날랐다. 하지만 "훈련"을 받은 지 한 달 만에, 그들은 이

비용이 꽤 나간다는 사실을 알게 되었다. 왕싱화 주임과 같은 공장의 관리자들은 셔틀버스 운영과 식비 등으로 600위안의 급여가 절반으로 삭감될 것이라고 노동자들에게 말했다. 예르잔은 "53일간 생산 라인에서 일하면서 총 300위안을 번 셈"[16]이라고 회상했다.

정부 문건에 따르면, 2018년 카슈가르지구喀什地区에서 10만 명의 구금자들이 새로 건설된 공단과 위성 공장에서 일하기 위해 옮겨질 계획이 수립되었다.[17] 양치기 농부 아딜벡이 구금된 우쑤와 워싱턴대학교 학생 베라가 구금된 쿠이툰 사이의 어느 현에서는 총 4만 5,000명의 무슬림 인구 중 1만 5,600명의 "잉여 노동자"가 이와 같은 노동 계획을 통해 일자리에 투입되었다.[18] 다른 현들 역시 비슷한 숫자를 목표로 하고 있다. 카슈가르의 공장 소유주들은 노동에 투입된 구금자 한 명당 3년에 걸쳐 5,000위안의 보조금을 받을 것이다. 이와 같은 보조금은 예르잔과 굴지라가 경험한 유형의 임금 압류를 막기 위해 시행되었을 가능성이 있다. 그러나 공장은 수용소 시스템의 연장선에서 시민권과 인권 경계 바깥의 합법적 회색지대를 운용하기 위해 기능하기 때문에, 노동자 학대에 대한 예방은 왕 주임 같은 사람들의 도덕률에 달려 있다. 재교육 국가의 대리자 역할을 하는 기업가로서, 그는 예르잔이나 굴지라와 마찬가지로 어떤 불만이나 생산 둔화가 다른 구금자들과의 교체를 초래할 수 있다는 것을 알고 있었다. 그는 자신이 원하는 방식으로 그들을 다룰 수 있었다.

중국 서북지방에 새로 건설된 산업단지들은 재교육 수용소와 사영 산업, 프롤레타리아화와 강제노동 사이의 경계를 차지한다. 정부 문건은 새 산업단지가 위구르족·카자흐족 수감자들과 그 밖의 무슬림 잉여 노동자에게 정의되지 않은 "인생 기술"을 서서히 주입하기 위해 건설되었다고 거듭 언급하고 있다. 정부가 공인한 문건에서 종종 언급되지 않은 채로 남아 있는 것은 이러한 공장 공간이 중국 사회계약—국가가 시민들의 충성에 대한 대가로 보호해준다는 암묵적 합의—의 변두리에서 거의 총체적인 기관들의 군집으로 기능하는 방식이다. 신장 출신의 위구르족, 카자흐족, 후이족 시민들에게 이러한 사회계약은 감옥 군집이 그들의 사회적 재생산의 활기를 잠식해버리는 식민 자본주의 생산방식—재교육 노동 체제—으로 전환되면서 산산이 무너졌다. 신장 내 구금 공장 노동자들의 문서는 압류되거나 신분증이 "통과 불가"로 표시돼, 보편화된 형태의 부자유 아래에 놓이게 된다. 이러한 유형의 강제노동은 국가의 보조금과 지시를 받으며, 복합적인 감시 관행의 연계망과 중국식 공장을 위구르족 및 카자흐족의 고향 땅으로 가져오는 물류 시스템에 의해 운영된다. 이 모든 물질적 발전은 무슬림 생활에 대한 국가권력을 나타내는 수용소 수백 곳의 위협적인 존재에 의해 승인되었다.

중요한 것은 이러한 시스템의 효과가 중국 서북부를 비롯한 중국 대륙에만 국한되지 않는다는 점이다. 루예슈워즈다오무역회사의 위성 공장에서 구금자들이 만든 장갑은 거의 모두 해외에서 판매되고 있다. 이 회사의 알리바바 유통 사이트에는 장갑의 스타일과 수량에 따라 한 켤레당 가격이 1.5달러에서 24달러 사이로 표기되어 있다.[19] 제품 일부는 홍콩에 본사를 둔 고급 부티크 브레드앤버터Bread n Butter에서 유통되는데, 브레드앤버터는 전 세계 쇼핑몰에 매장을 갖고 있다. 어쨌든 이 장갑들이 팔리는 가격은 노동자가 한 켤레당 받는 임금보다 기하급수적으로 높다. 정부가 승인한 절도의 한 유형인 이 징발 시스템은 중국어 지식이라는 문화적 자본의 선물로 "신장을 원조"하는 "빈곤 경감"이라는 미사여구로 정당화된다. 또는 구금자들이 훈육된 산업 인턴의 "인생 기술"을 획득하도록 돕는 한족 공장 소유주로 포장된다.

굴자의 한 관료는 자신이 쓴 글에서 구금 공장단지에 대해 찬양하면서, "투르크계 무슬림 농민과 양치기들이 공장에 도착하자, 짚신 대신 가죽 신발을 신은[20] 산업 노동자가 되었다"고 썼다. 전근대적인 "짚신"을 신었던 "뒤떨어진" 소수민족 민중이 구금 등을 통해 공장 규율의 선물을 받는다는 식의 사실과 어긋난 이미지는 국가가 고용한 노동자와 계약자의 관점에서 기술 훈련 과정의 정신을 정확하게 포착한다. 강제노동 프로그램의 시행을 대안 가치로 포장하는 지역의 관영매체 영상에서 기자는 무슬림 노동자들이 촬영 중인 카메라를 쳐다보지도 않고 일만 했다고 언급했다.[21] 이를 두고 기자는 새롭게 훈련된 "고품질" 노동자로서, 그들의 훌륭한 직업 윤리를 보여주는 것이라고 해석했다. 관리자들은 예르잔과 굴지라 등 노동자들에게 그들이 만드는 장갑이 수출용이기 때문에 바느질 품질이 매우 높아야 함을 강조했다고 말했다. 노동자들이 받은 "인간의 우수성"에 대한 훈련은 그들이 대량 생산한 장갑의 품질에 반영되어야 했다.

위구르족과 카자흐족의 삶에 대한 국가 주도의 한족 독점 기업 권력의 도입은 민족과 계급의 차이를 넘어 공장 노동의 소외를 가속화하는 효과를 갖는다. 소외는 노동자가 갖는 노동의 소유로부터 개인을 제거해버리는데, 이 경우에는 투르크계 무슬림 개인의 자율성으로부터 개인을 제거한다. 이는 재교육 공장의 주요한 특징이다. 법적 보호를 받을 자격이 없는 것으로 간주되는 사람들을 영구적인 하층 계급으로 바꿈으로써, 정부 당국과 민간 기업가들은 중국 섬유 및 의류업 시장 확장을 이어나가기를 희망한다. 그들은 자본주의적 축적의 식민지 개척지를 건설하고 있다. 이 통제된 노동 시스템은 대규모 재교육 시스템에 의해 "운용"되며, 이는 구금된 노동자 계급이 자기 자신을 위한 계급으로 부상할 수 없도록 하는 사회기반시설의 국가권력 메커니즘이다. 사실 이러한 초법적 제도 때문에, 투르크계 무슬림 노동자를 구금과 폭력으로부터 보호할 수 있는 유일한 방법은 한족 관리자의 호의뿐이다. 장갑 공장의 임금 지급 계획에서 알 수 있듯이, 노동자 복지와 사회적 관계가 무가치한 것으로 간주되는 경우에도 종종 노동자를 보호하는 것은 투르크계 노동자의 질에 대한 경영 "투자"에 중점을 둔 결과로 보인다.

▌▌▌ 살아남은 사람들 ▌▌▌

공장은 수용소 시스템의 연장선에서 기능한다. 그렇기에 법의 통치와 사회계약의 경계를 벗어나, 공장 관리자들은 위구르족과 카자흐족, 후이족 노동자들을 일회용품처럼 다룰 수 있다. 2018년 12월, 관리자들은 굴지라가 1년짜리 근로계약을 맺도록 협박했다.[22] 그들은 서명하지 않으면 그를 다시 수용소로 보낼 것이라고 말했다. 굴지라를 대신할 수감자들은 거의 무한정 대기하고 있었다. 최소비용으로 최대효과를 창출한다는 바닥을 향한 경쟁에서 굴자의 재교육 공장은 동시대 글로벌 자본주의의 임계에 다다라 있다.

굴지라, 예르잔, 에르바키트가 경험한 부자유는 통상의 노예제도와 관련이 있지만, 공장에서 드러나는 방식 또는 베라와 켈비누르, 바이무라트가 각각 영어 교사나 중국어 교사, 데이터 경찰로 강제노동을 하는 경우에서 특유의 방식을 보인다. 그들의 이야기는 인종화된 형태의 노예제가 설령 자유롭지 못한 (그러나 유급의) 노동 형태로 나타날 때조차도 여전히 지배의 관계를 재생산한다는 점을 지적한다. 카자흐스탄의 비교적 안전한 곳에서 수용소와 공장에서의 시간을 돌아보면서, 에르바키트는 회상했다. "맨정신이 되는 데 두세 달이 걸렸어요. 하지만 지금도 여전히 완벽하게 안전하다는 느낌은 들지 않죠. 저는 다시는 자유를 느끼지 못할 거예요." 인생은 이제 새로운 중대성과 맞닥뜨렸다. 에르바키트를 포함해 내가 인터뷰한 많은 수감자들은 살아남은 사람으로서 자신들이 인간성의 일부를 상실했다고 느끼고 있었다. 그들은 자신들이 반사회성과 잔혹성을 향해 내몰리고 있다고 느꼈다.

"우리는 자주 절망에 빠져요. 가끔은 그저 무언가를 느끼기 위해 중국 정부 공무원들을 죽일 수 있을 거라는 생각이 들 정도로, 중국인들에 대한 증오를 느꼈죠." 에르바키트는 슬픈 미소를 지으며 말했다. "하지만 시진핑을 비판하는, 내가 만난 모든 한족 사람들이 생각나더라고요. 그들 역시 시진핑을 저주하죠. 그래서 이 문제에 대해 중국 인민들을 비난할 수 없어요. 그들 역시 피해자거든요."

에르바키트는 인간이란 본질적으로 악랄하고 자기중심적이며, 그렇기에 재교육 기술—카메라부터 수용소까지—의 힘에 의지하면 거리낌 없는 사람이 될 것이라고 믿고 싶지 않았다. 그는 삶에 대한 그런 극단적인 권력을 맞닥뜨릴 때, 사회적 관습과 공감대는 쉽게 닳거나 침잠한다고 느꼈다. 수용소의 교사로 일했던 켈비누르는 이를 실제로 목격했다. 그는 자신의 한족 동료가 외치는 걸 들었다. "지금은 21세기 아닌가요? 어떻게 이런 일이 일어날 수 있죠?" 처음에 켈비누르는 위구르족 노인들이 수갑이 채워진 채 자신의 "학생"으로 소개되는 모습을 보고 흐느껴 울었다. 하지만 시간이 흐르면서 그렇게나 잘 울음을 멈추게 되었다. 시스템 안에서 공무원 무리에 합류하는 일이 더 쉬워졌다. 시스템에서 그의 역할에도 불구하고, 대부분의 무슬림 동료들은 켈비누르의 행동을 재교육 기계에서 살아남기 위한 전략으로 인식했다. 기회가 주어진다면 에르바키트는 프리모 레비처럼 "죄악에는 가장 적게 공모했으나, 억압은 가장 심한 누군가"[23]를 거리낌 없이 용서할 것으로 보였다.

에르바키트는 진정으로 깊고 고통스러운 갈망으로 지난 일상을 그리워한다. 그는 말했다. "때로는 카자흐스탄으로 돌아와 가족들과 재회했다는 사실에 만족해요. 이 정도면 됐다고 생각하죠." 그러나 이따금 꾸는 백일몽에서 가슴이 두근거렸고, 머리를 짧게 자른 카자흐족과 위구르족 여성들이 늘어선 줄의 이미지가 마음속에 피어올랐다. 그들은 멍한 눈으로, 벌거벗고 자유롭지 못한 상태로 발을 질질 끌며 걸어갔다. "우리에게는 우리만의 관습이 있어요. 카자흐스탄 여성은 언제나 자신의 존엄을 지키기 위해 스카프를 쓰죠. 간수들은 이걸 벗기고, 그 아름다운 머리카락을 잘라버렸어요. 하얀 머리가 드러났죠."

에르바키트에게 생존자들은 아무 것도 느끼지 못한 채 스스로 고립되어 있는 사람들이었다. 그들은 살아남기 위해 서로와 스스로를 배반했다. 우쑤시의 수용소에서 페이질렛은 다른 수많은 수감자들이 자기가 있던 마을에서 아직 구금되지 않은 다른 이들을 공개적으로 고발하던 것을 들었다고 떠올렸다. "그들은 '왜 다른 사람이 아니라 나를 체포했느냐? 그들은 나보다 더 신앙심이 깊다'고 말했죠. 수용소가 그렇게나 붐비는 건 바로 이 때문이에요. 모두들 자신을 구하기 위해 서로를 비난하고 있었거든요. 저도 같은 이유로 '반장'이 되었죠."

생존자들은 지시를 받을 때마다 노래를 부르고 미소를 지었다.

그러나 그들은 이 과정을 거치며 무언가를 상실했다. 몇몇은 분별을 잃어버렸고, 다른 이들은 마냥 차갑게 텅 비워졌다. 그들은 프리모 레비가 말했던 "회색지대"[24]에 진입했다. 그곳은 바로 데이터 경찰, 두 얼굴의 수용소 노동자, 감방의 반장, 정보원, 나아가 청소부나 요리사, 재봉사의 영역이었다. 그들은 위구르족, 카자흐족, 후이족 공동체를 그리도 깊숙하게 먹어치운 재교육 기계를 건설하고 유지하며 양성하는 생존자가 되었다.

이전의 수용소 시스템과는 다르게, 신장위구르자치구의 재교육 수용소는 치명적인 기술을 사용하여 수용소 외부의 총체적인 권력 관계를 공장과 공동체로 가져온다. 그들은 흉포하고 절망적인 고독을 일상생활에 가져오고, 공동체를 분열시키며, 아이들을 부모로부터 멀어지게 한다. 에르바키트와 다른 사람들은 이러한 시스템의 기술자―알고리즘 교정자, 얼굴인식 설계자, DNA 지도 제작자, "스마트한" 교육학자 등―들이 그들의 인간 됨에 반하여 저지른 범죄에 대한 더욱 엄밀하고 미묘한 심판을 보류한다. 시스템의 잔혹성을 집행하는 수용소 지휘관과 공장 관리자처럼, 그들 기술자들은 인간다움에 대해 생각하지 않는다는 점에서 복잡하고도 열정적인 자신들의 노동에 대해 유죄다. 아이히만이 "그들은 그저 자신들의 일을 했을 뿐"이라고 방어하고 주변 사람들도 그들에게 뭔가 잘못하고 있는 것이라고 지적하지 않지만, 사실 그들은 목적의식적으로 통제 시스템을 설계하고 인종화의 방식을 자동화했다.

에르바키트가 슬픈 미소를 일그러뜨리면서 느끼던 증오의 섬

광에 비친 것은 바로 그들의 비인간성이었다. 수용소에서의 삶은 그가 스스로를 고립시키도록 가르쳐주었고, 영원토록 세상에서 쫓기고 있다는 이해할 수 없는 감정에 사로잡히게 했다.

나가며

시애틀 뒤에는 신장이 있다

2016년, 쑨젠은 시애틀을 떠나 고향으로 돌아가기로 결정했다. 마이크로소프트Microsoft 아시아연구소의 수석 연구자 쑨젠은 13년간 이곳에서 일한 후, 메그비라는 흥미로운 컴퓨터 비전 스타트업으로 이직하기로 했다. 약 1년 만에 자신의 남자친구와 긴 연휴를 보내고자 귀국했던 베라 저우와 마찬가지로, 쑨젠은 시애틀 타코마 국제공항으로 가서 중화인민공화국으로 향하는 비행기에 탑승했다.

쑨젠이 합류한 메그비—혹은 "메가비전Mega Vision"—는 칭화대학교 졸업생 두 명이 설립했다. 2016년은 중국의 사물인터넷IoT 시장이 급격하게 팽창하던 시기였다. 1년 전 그들은 중국에 기반을 둔 다른 많은 컴퓨터 비전 스타트업과 함께 워싱턴 대학교의 폴 앨런 컴퓨터공학 및 엔지니어링 학부Paul G. Allen

School of Computer Science & Engineering로부터 방대한 메가페이스MegaFace 얼굴인식 데이터세트[1]를 받았다. 이는 얼굴 정보에서 유사성과 차이점으로 이루어진 패턴을 감지하기 위해, 그들의 주력 소프트웨어 프로그램 또는 알고리즘인 Face++를 훈련하는 데 사용했다. 이 기간 그들은 수백만 개의 디지털 이미지를 상호 비교하는 자동화된 이커머스 툴[2]을 구축하는 것에서 얼굴인식 애플리케이션 쪽으로 방향을 전환했다. 2017년 말까지 메그비는 신장위구르자치구를 포함한 중국 전역의 26개 도시와 성에서 경찰 당국과 "심층적인 협력"[3]을 진전시켜 왔다. 데이터 집약적이고 자유롭게 접근 가능한 이 작업은 중국판 국토안보부인 공안부와 국가반테러공작영도소조■와의 협력을 통해 이들이 신속하게 역량을 구축하는 데 도움이 되었다. 이 분야로 이동함으로써, 메그비는 2017년 신장 내 모든 무슬림 시민의 고해상도 얼굴 스캔 정보를 포함하여 14억 명에 가까운 중국 인민들의 신분증으로 구축된 공안부 데이터베이스[4]로 Face++ 알고리즘을 훈련할 수 있었다.

메그비는 수년에 걸쳐 마이크로소프트, 워싱턴대학교와 깊은 관계를 맺어왔다. 시작은 2012년으로, 마이크로소프트의 전 부사장 리카이푸李開復는 자신의 벤처캐피털 회사 시노베이션Sinovation을 이용해서 메그비의 창업 자금을 제공했다.[5] 그리고

■ 원문의 the Counter-Terrorism Leading Group은 국가반테러공작영도소조国家反恐领导小组를 지칭하는 것으로 보인다.

2014년, 리카이푸는 메그비가 중국에서 가장 큰 IT 기업인 알리바바의 투자를 받도록 지원하기도 했다.[6] 이 파트너십을 통해 메그비는 알리바바의 전자상거래 플랫폼 타오바오Taobao, 淘宝[7]의 이미지에 접근할 수 있게 되었는데, 이후 그들은 이 관계를 부정했다.[8] 또한 메그비는 마이크로소프트의 직원을 가로채거나, 인재 보급 경로인 워싱턴대학교 컴퓨터공학 및 엔지니어링 학부에서 사람들을 채용하기 시작했다.

2017년에는 이제 막 워싱턴대학교에서 박사 학위를 받은, 시애틀에 기반을 둔 소프트웨어 회사 어도비Adobe의 수석 디자이너 왕쥐王珏[9]도 메그비에 합류했다. 포토샵Photoshop 최신판의 수많은 특성을 구축해온 기업의 핵심 공학자였던 왕쥐는 마이크로소프트 본사에서 1.6킬로미터도 떨어져 있지 않은 곳에 위치한 메그비 연구소Megvii Research USA[10]라는 새로운 부서를 이끄는 역할을 맡았다. 그를 비롯한 12명 이상의 젊은 컴퓨터 공학자[11]들은 레드먼드Redmond 오피스에서 메그비 지사 업무를 시작했는데 우뚝 솟은 더글러스 전나무로 둘러싸인, 크게 눈에 띄지 않는 2층짜리 베이지색 건물이었다. 사무실은 실리콘밸리의 다른 테크 스타트업와 같았다. 그들은 그저 이미지 속 객체를 보다 작은 부분으로 분해해서 검색 가능한 것으로 만드는 까다로운 작업을 수행하는 코더와 디자이너들이었으며, 빠르고 더 빠르게 문제를 해결했다. 메그비 사무실이든 그곳에서 일하는 사람들에게든, 사악한 것은 아무것도 없었다. 그들은 비밀리에 미국의 가치를 훼손하거나 인간 자율성의 미래를 위협하려고 하지 않았다. 그곳에서 일했던 직원들의 업무환경 평가를 살펴보면, 기술 노동자 대부분과 마찬가지로 자신들이 세상을 더 나은 곳으로 만들고 있다고 생각했다는 점을 알 수 있다. 그들의 주요한 불평은 휴게실에 과일이 없다는 점으로,[12] 더할 나위 없이 시시한 것이었다.

작가이자 기술 노동자인 왕샤오웨이王筱玮는 메그비 베이징 본사의 업무 문화에 대한 그들의 논평을 두고 이렇게 언급했다. "그저 실리콘밸리를 떠올리게 하는 정도가 아니었다. 그냥 실리콘밸리 자체였다."[13] 메그비 연구소는 마이크로소프트, 아마존, 어도비와 같은 빅테크 기업들에 둘러싸여 있었다. 세계에서 가장 부유한 지역 중 하나이자 빌 게이츠, 제프 베조스 등 글로벌 엘리트들이 사는 워싱턴주 메디나에서 약 10킬로미터 떨어져 있었다. 여러 면에서 신장의 재교육 수단은 이 세계의 산물이었다. 메그비를 탄생시킨 인큐베이터인 마이크로소프트 아시아연구소 Microsoft Research Asia는 "중국 인공지능의 요람"[14]으로 널리 알려져 있다. 오라클Oracle의 소프트웨어로 구축한 52기가바이트에 달하는 신장의 경찰 내부 문건 데이터세트를 독립매체 〈인터셉트intercept〉가 입수하자, 오라클의 켄 글루크Ken Glueck 부사장은 IBM과 아마존, 구글 등 미국의 거의 모든 빅테크 기업이 중국의 감시기술 개발에 얽혀 있다[15]고 언급했다.

메그비는 세계적인 기업이 되는 길을 걷고 있었다. 메그비를 차별화한 것은 2017년에 이르러 Face++가 수억 명의 실제 상황에서 구현될 딥러닝 시스템의 첫 번째 애플리케이션 중 하나가 될 태세를 갖추었다는 데 있다. 얼굴인식 스타트업 이투와 센스타임 등 주된 경쟁사들처럼 메그비는 2017년경 데이터 집약적인 "스마트" 보안 프로젝트를 전국 곳곳에서 구축하기 위해 국가로부터 대규모 자본 투입을 받았다. 이투가 굴지의 카메라 제조 기업 다후아에 (알고리즘) 코드를 제공하고 센스타임이 다후아의 경쟁사와 파트너십을 맺은 데 반해, 국유 기업인 하이크비전과 메그비는 다른 노선을 택했다. 그들은 우선 알리바바와 협력해[16] 타오바오와 알리페이 등 플랫폼 서비스—전자는 아마존, 후자는 페이팔과 유사하다—에 아이덴티티 보안을 제공했다. 또한 중국의 스마트폰 제조 기업 비보Vivo, 维沃와 제휴하여 최고급 스마트폰 X21의 개발을 시작했는데, 아이폰X의 얼굴인식 보안 시스템과 겨루는 제품이었다. 메그비는 하이크비전과 직접적인 협력 관계를 맺기보다는, 그 모기업이자 방산업체인 중국전자기술그룹中国电子科技集团公司의 임원을 영입하고[17] 자체적인 카메라 제조 라인을 개발하여 "대테러" 사업에 진출하고자 했다.[18] 2019년에 열린 온라인 포럼에서 메그비의 한 직원이 언급했듯, 이 회사 사람들은 "정말 스마트했다". 그들은 "공안이 이윤을 낳는다"[19]는 것을 입증해냈다.

그러나 세계 최고의 권위주의 국가 중 하나인 중국의 국가안보로 이동한다는 윤리적 함의에도 불구하고, 쑨젠이 고심 끝에 그의 전 직장이 투자한 중국의 테크 스타트업에 합류했을 때 그는 새로운 회사의 문화가 여러 방면에서 마이크로소프트의 업무 문화와 거의 동일한 것처럼 느껴졌다고 언급했다. 그저 "(메그비의 직원들이) 열 살 정도 어려 보일 뿐"[20]이었다. 다른 많은 테크 기업과 마찬가지로 메그비―실리콘밸리의 다른 스타트업처럼 유리로 된 빌딩에 베이징 본사가 있다―는 기초적인 컴퓨터 과학을 하고 있었고, 광범한 애플리케이션에서 얼굴, 사람, 사물, 텍스트, 장면, 행동, 이미지 읽기에 있어 컴퓨터를 보조하는 알고리즘을 만들고 있었다. 쑨젠은 "나쁜 알고리즘은 없고, 나쁜 데이터가 있을 뿐이다"를 신조로 여겼다.

그러나 이 회사와 대부분의 컴퓨터 비전 기업에 만연한 "나쁜 알고리즘은 없다"는 에토스에도 불구하고, 혹은 어쩌면 바로 그 때문에, 메그비가 공들이고 있는 애플리케이션들은 레드먼드의 베이지색 사무실이나 베이징의 흰색 쇼룸에서 멀리 떨어진 곳에서 중국의 대테러 작전에 심오한 영향을 미치고 있었다.

||| 테러리즘 담론 |||

우루무치 시내에 자리한 호텔 체크인 데스크에 있는 얼굴인식 기계는 폭 30센티미터, 높이 45센티미터 정도의 하얀색 기기로 모서리가 둥근 애플 제품 스타일이었다. HD 스크린 위에는 화면을 응시하는 사람을 비추는 LED 조명이 두 개 있었다. 그 스크린 아래에는 신분증을 둘 수 있는 평면 스캐너가 있었다. 좌측 하단의 무지개색 로고는 화면을 들여다보는 얼굴을 신장의 감시 시스템과 연결하는 알고리즘이 작동하는 이 브랜드가 메그비임을 나타내고 있었다. 이 로고 이면의 소프트웨어―시애틀에서 우루무치까지 프로그래밍된 코드—는 기계가 신분증의 얼굴 사진과 눈앞에 선 사람의 신원을 대조하고, 1초 이내에 블랙리스트에 오른 수천 개의 얼굴과 비교할 수 있는 기능을 제공했다.

나는 데스크 직원에게 기계를 사용해서 신분증을 확인해야 하는지 위구르어로 물어보았다. 그는 약간의 의구심을 섞어 "위구르족이세요?"라고 되물었다. 나는 웃으면서 여권을 보여주고는 "아니요, 저는 외국인입니다. 여기 오랫동안 살고 있어요"라고 답했다. 그는 미소를 짓더니 말했다. "이 기계는 당신을 위한 게 아닙니다. 그저 지역민을 위한 거죠. 제가 수동으로 손님 서류를 스캔해야 할 것 같네요." 2015년 6월에 내가 마지막으로 위구르 지역을 방문한 이후로 많은 것이 바뀌었다. 2018년 4월까지 대부분의 관할구역 경계에 검문소가 세워졌고, 모든 주거 단지 입구에 얼굴인식 기계가 설치되었다. 약 40명의 위구르족 친구들, 이전에 가르쳤던 학생들 그리고 동료들이 수용소 시스템으로 사라졌다. 나는 아직 구금되지 않은 몇몇 사람들을 거리에서 우연히 만났고, 그들과의 짧은 대화 속에서 우리가 함께 알던 친구들이 모습을 감췄다는 것을 확인했다. 메그비 시스템이 지탱해온 "테러와의 인민전쟁"은 이 지역의 거의 모든 이슬람교도를 구금할 수 있게 했다.

중국적 맥락에서 대테러가 무엇을 의미하는지 이해하려면 약 20년 전, 2001년 10월 11일로 돌아갈 필요가 있다. 중국 관료들이 위구르족 시위대와 자살테러 공격자들을 묘사하기 위해 처음으로 "동투르키스탄 테러리스트"라는 용어를 사용한 것은 9.11

테러가 일어난 지 한 달이 되는 날이었다.[21] 그로부터 3개월이 지난 2002년 1월, 국무원 신문판공실은 위구르족 시민 저항과 정치적 폭력—위구르족 시위 대부분은 민족 자결보다는 지역의 부정의를 향하고 있었기 때문에, 이미 소수민족 "분리주의자"라는 용어는 문제가 많았다—의 지난 역사를 비인간적으로 꼬리표 붙이는[22] "테러리스트"로 수정한 공개 보고서를 발표했다. 2002년 8월, 중국 당국은 국내 위구르족 "테러리즘"에 대한 FBI 베이징 지부의 조사를 안내했다. 아프가니스탄과 이라크 침공에 대한 글로벌 동맹을 구축해야 한다는 압박에 직면한 조지 W. 부시 행정부는 파키스탄을 기반으로 한 동투르키스탄 이슬람당이라는 유령을 글로벌 테러리스트 목록에 추가했고,[23] 유엔도 곧이어 그 뒤를 따랐다. 약 1년 후인 2003년 12월, 메그비의 미래 파트너인 중국 국가안전부는 "테러리스트 조직"과 개인의 명단을 공개했고, 그들은 모두 위구르족이었다.[24] 그 후 20년 동안, 모든 곳의 무슬림처럼 위구르족 사람들은 두려움에 떨었다.[25] 이는 그들의 구체화된 외모, 종교적 관행, 정치적 행동이 테러리즘 담론의 대상이 되었다는 것을 의미한다. 이에 따라 연구자 데이비드 브로피David Brophy가 말한 "나쁜 무슬림"이라는 인종화된 자리[26]가 만들어졌는데, 이는 시민권과 인권에서 예외적인 상태를 열어 위구르인 전체가 기본적인 보호를 받을 자격이 없는 것으로 여겨지도록 했다. 중국에서 테러리즘은 감지된 위협에 의한 피해와는 무관하게 국가의 통치권에 저항하는 것으로 인식되는 소수민족 타자에 따른 모든 활동[27]을 의미하게 되었다.

메그비가 2014년 이후 본궤도에 오르고 있을 때 주요 투자자인 알리바바는 국가안전부의 대테러 공작에서 협력을 시작했는데, 중국적 맥락에서 이는 위구르족과 카자흐족에 대한 감시를 의미했다. 특히 메그비는 신장 바깥 지역에서도 이 공작의 핵심적 역할을 맡았다. 많은 보도에 따르면, 메그비는 신장공공안전영상실험실新疆公共安全视频实验室의 공식 기술지원 단체가 되었다.[28] 2017년 12월 중국 관영매체 신화통신의 보도에 따르면, 공안 및 대테러 공작을 통해 "버스정류장, 철도역, 지하철역, 공항, 광장, 공원, 국경 검문소와 같은 중요 지역에서 수천 명의 불법 도피자들이 체포되었고,[29] (그들의) 전투 효과는 공안부 정보부서와 반테러영도소조로부터 높은 평가를 받았다". 쑨젠의 "나쁜 알고리즘은 없다"는 에토스를 견지했던 메그비의 부사장 시에이난谢亿楠은 NPR과의 인터뷰에서 이렇게 말했다. "우리는 단지 정부에 기술을 제공하는 것이고, 그들은 그 기술로 자기 일을 하는 것일 뿐입니다."[30] 탐사 저널리스트 카이 스트릿매터Kai Strittmatter와의 대화에서 시에이난은 중국의 국가보안 서비스가 그들의 가장 큰 고객 중 하나이며, 중국 전역의 경찰이 자신들이 공급한 카메라를 활용하고 있음을 확인해주었다. 시에이난은 덧붙였다. "우리의 알고리즘은 5만 대에서 10만 대의 감시 카메라 네트워크[31]를 지원할 수 있습니다. 주어진 시간과 장소에서 어떤 종류의 사람을 찾을지 말해줄 수 있죠. 우리는 '그는 누구인가? 어디에 있는가? 거기에 얼마나 오래 있었는가? 지금 어디로 가고 있는가?'라고 물을 수 있어요. 얼굴인식을 통해 당신의 신원과 나이, 성별, 민족과 같은 정보를 감지할 수 있답니다."[32]

2017년 베라 저우가 워싱턴대학교를 떠나 신장으로 향했을 때, 그의 집에서 80킬로미터 내에 있던 마을들은 이미 Face++ 알고리즘이 지원되도록 설계된 안전도시 시스템을 운영하고 있었다. 베라가 사구의 격자망 밖으로 쇼핑하러 갔을 때 경찰이 그를 막아 세운 이유에는 Face++ 시스템의 책임이 있는지도 모른다. 업계는 Face++ 응용 프로그램을 두고 "스마트 수용소"와 "모스크 감시"에 사용되었다고 평가했는데, 나중에 메그비의 대변인은 이 주장이 사실이 아니라고 부정했다.[33]

2019년 10월 7일 광범위한 초당적 지지와 기술 감시로 인한 인권 침해의 압도적 증거에 힘입어, 미국 정부는 8개의 중국 기술기업들에 대해 미국 시민들이 상품 및 서비스를 판매할 수 없도록 했다. 리스트에는 메그비와 이투, 센스타임, 하이크비전, 다후아가 포함되었으며, 해당 기업들이 "미국의 대외정책 이익에 반하는 행동을 했다"[34]고 언급하고 있다.

이 리스트에 오름으로써 메그비는 큰 타격을 입었다. 2019년 3월, 메그비는 홍콩 증권거래소에 상장을 준비하고 있었다. 그들은 영어권 세계에서 투자자들의 관심을 높이기 위해 세계적인 홍보대행업체 브런스윅 그룹Brunswick Group을 고용한 바 있었다. 메그비가 중국의 대테러 공작에 깊숙하게 연루되어 있다는 소식이 전해지자, 〈블룸버그Bloomberg〉의 경제전문 기자를 역임하기도 한 브런스윅의 임원 매트 밀러는 적극적으로 피해 진압에 나섰다. 그는 홍콩에서 활동하는 파트너 지니 월머딩Ginny

Wilmerding*에게 어떤 업무를 요청했다. 국제적인 인권단체 휴먼라이츠워치Human Rights Watch에서 호주전략정책연구소Australia Strategic Policy Institute에 이르는 다양한 단체들과 접촉하여 메그비가 중국 치안 정책이나 신장 인권 침해에 연루되었음을 경시할 것을 요청하는 업무였다.

내가 세계정책센터Center for Global Policy에서 중국 대테러 공작과 메그비의 연루 사실을 밝힌 보고서를 발표했을 때,[35] 밀러와 윌머딩은 내게도 연락해왔다. 그들은 2018년 메그비가 신장에서 200만 달러 이하(연 매출의 약 1퍼센트)를 벌어들였으며,[36] 2019년 상반기에는 어떠한 매출도 올리지 못했다고 말했다. 그들은 메그비 알고리즘이 중국 대테러 공작의 핵심적 요소라는 수십 건의 보도를 두고, 제삼자 마케터들에 의해 "혼동"된 것으로 평가절하했다. 그러나 중국 대테러 공작의 효과가 세계에 널리 알려지기 전인 2017년 말, 메그비의 보안 영상 책임자는 단 47일간 중국의 한 도시에서 대테러 공작을 펼친 결과 "76명의 도망자가 체포되었고,[37] 950만 명의 얼굴이 수집되었으며, 3억 7,800만 명의 얼굴과 대조되었고, 278건의 조기 경보가 발령되어 그중 98.9퍼센트인 274명이 가로막혔다"고 말한 바 있다. 중국 내 다른 많은 얼굴인식 회사와 마찬가지로, 메그비는 위구르인이 비디오 카메라 앞을 지나갈 때마다 그들 얼굴의 인종적 표현형을 기반으로 위

■ 지니 윌머딩은 세계적인 전략 커뮤니케이션 및 공공 업무 컨설팅 기업 핀즈베리 글로버 헤링Finsbury Glover Hering의 홍콩지사 파트너이다.

구르인 탐지를 자동화하는 "위구르 알람" 툴[38]을 개발했다. 브런스웍 그룹과 베이징과 시애틀의 사무실에서 일하는 메그비 엔지니어들이 인종화된 무슬림의 삶은 자신들의 기술로부터 보호받을 가치가 없다고 결정해버린 것이다.

ⅠⅠⅠ 망각의 코로나 기술 ⅠⅠⅠ

코로나바이러스 감염증(코로나19) 팬데믹은 다른 많은 망각의 사례를 가져왔다. 2020년 4월, 세계에서 가장 잘나가는 테크 기업 아마존은 메그비의 라이벌인 중국 감시기술기업 다후아로부터 1,500대의 열화상 카메라 시스템 적하물[39]을 받았다. 약 1,000만 달러 상당의 시스템 중 다수는 노동자의 열 신호를 모니터링하고 혹시 코로나19와 유사한 증상을 보일 경우 직원과 경보 관리자에게 알리기 위해 아마존 창고에 설치되었다. 적하물에 포함된 다른 카메라들은 IBM과 크라이슬러Chrysler, 그 밖의 다른 구매자들에게 유통되었다.

2020년 초 코로나19 팬데믹이 중국 국경을 넘어 퍼지기 시작하면서, 마찬가지로 미국의 무역 금지 리스트에 올라와 있는 베이징 유전체학연구소华大基因, BGI―신장에 있는 이들의 자회사도 미국의 무역 금지 리스트에 올라 있다―산하의 의료연구 기업이 급격하게 확장되었다. 이들은 18개국에 58개의 연구소를 설립하고 180개국이 넘는 나라[40]에 3,500만 개의 코로나 검사 키트를 판매했다. 2020년 3월, 캔자스시티에 본사를 둔 러셀 스토버 초콜릿Russell Stover Chocolates이나 US엔지니어링U.S. Engineering 같은 기업들은 120만 달러 상당의 검사 키트를 구매하고[41] 캔자스대학교 의료시스템 시설에 BGI 실험실 장비를 설치했다.

메그비 또한 팬데믹을 기회로 활용했다.[42] 중국의 병원과 슈퍼마켓, 대학 캠퍼스 그리고 한국과 아랍에미리트의 국제공항[43]에 열화상 시스템을 배치했다.

미국에서 코로나19에 대한 국가 차원의 효과적인 대응이 부재한 상황에서 이렇듯 노동자를 보호하기 위한 발 빠른 움직임은 감탄할 만한 것이었다. 그러나 이 중국 기업들 역시 끔찍한 인권 유린의 유형에 묶여 있다. 최근 탐사 저널리스트이자 연구자인 산자나 바르헤스Sanjana Varghese가 지적했듯, 코로나19에 맞선 BGI와 다후아와 같은 기업의 "인도주의적 실험"[44] 작업은 인구 관리의 기술로서도 기능을 겸한다. 그리고 이는 150만 명에 달하는 무슬림을 수용소에 가둔 비인간화 시스템에 대한 그들의 개입을 감춘다.

소수민족에게 불균형적으로 해를 끼치는 비자발적 감시에 대한 아마존 고유의 역할[45]을 차치하더라도, 이 회사가 다후아의 열지도 카메라를 구매한 것은 역사학자 제이슨 무어Jason Moore가 "맨체스터 뒤편에는 미시시피가 있다"[46]는 인상적인 경구를 통해 포착한 글로벌 자본주의의 확산 속 옛 순간을 떠올리게 한다. 프리드리히 엥겔스Fredrich Engels의 영국 맨체스터 섬유산업에 대한 분석을 다시 읽음으로써 무어가 말하고자 했던 것은, 영국 산업혁명의 많은 양상이 미국 노예노동에 의해 생산된 값싼 면직물 없이는 가능하지 않았다는 점에 있다. 마찬가지로 시애틀과 캔자스시티, 서울이 팬데믹에 빠르게 대응할 수 있는 능력은 일정 부분 중국 서북부의 억압 시스템이 생체 감시 알고리즘을 훈련하기 위한 공간을 개척해온 방식에 달려 있다. 다른 사람들에 대한 보호는 베라 저우 같은 대학생이나 아딜벡 같은 농민을 망각하는 것에 달려 있다는 것이다. 이는 곧 수천 명의 수감자와 자유롭지 않은 노동자의 비인간화를 모른 척하는 것을 의미한다.

동시에 시애틀은 신장을 앞서기도 한다. 중국 정부의 재정 지원, 글로벌 테러리즘 담론, 미국 산업 연수는 오늘날 중국 기업이 얼굴인식과 음성인식에 있어 세계를 주도하는 세 가지 이유다. 이 과정은 위구르족과 카자흐족, 후이족 사람들을 복합적인 디지털 및 물질 인클로저에 위치 짓게 하는 데 중점을 둔 테러와의 전쟁으로 가속화되었다. 한데 이제는 데이터 집약적인 인프라 시스템이, 신장과 같은 규모는 아닐지라도 중국 전역에 유연성 있는 디지털 인클로저를 구축하는 중국 기술산업 전반으로 확장되고 있다.

팬데믹에 대한 중국의 방대하고 신속한 대응은 이러한 시스템을 신속하게 구현하고 효과적으로 작동하고 있음을 명확히 함으로써,[47] 이 절차를 더욱 가속화시켰다. 그처럼 전면적이고 은밀한 방식으로 국가권력을 확장하기 때문에, 그들은 효과적으로 인간 행동을 바꿀 수 있다. 그러나 팬데믹에 대한 중국식 접근법만이 전염을 멈추게 할 유일한 방법은 아니다. 뉴질랜드나 캐나다 같은 민주적인 국가[48]가 자택격리를 강제한 사람들에게 코로나 검사나 마스크, 경제 지원 등을 제공한 것도 효과적이었다. 이 국가들은 설령 국가 차원에서 이루어지는 것일지라도 비자발적 감시가 다수의 행복을 지키는 유일한 방법이 아님을 분명히 하고 있다.

실제로 많은 연구들은 감시 시스템이 표적이 된 인구를 구금할 수 있도록 함으로써 체계적인 인종차별과 비인간화를 뒷받침한다는 것을 보여준다.[49] 과거와 현재 미국 행정부가 메그비와 같은 기업과의 무역을 중단하기 위해 거래제한 명단을 활용하는 것도 물론 중요하지만, 인종차별을 자동화한 중국 기업을 징계하면서도 그와 유사한 일을 하는 미국 기업에는 자금을 지원함으로써 이중잣대를 들이대고 있기도 하다. 이용자 동의를 전제로 하는 소비자주의적 접근을 통해, 점차 더 많은 미국 기업이 인종주의적 표현형을 감지하기 위한 그들만의 알고리즘[50]을 개발하려 시도하고 있다. 자동화된 인종차별을 립스틱과 같은 마케팅 상품이 지닌 편의성의 형태로 만듦으로써, 레블론Revlon 같은 기업은 개인이 이용할 수 있는 기술 스크립트를 강화하고 있다. 결과적으로 여러 방면에서 인종은 사람들이 세계와 상호작용하는 방식에서 생각하지 못한 부분이 되어가고 있다. 미국과 중국의 경찰은 자동화된 평가 기술을 잠재적인 범죄자나 테러리스트를 탐지할 수 있는 도구로 생각한다. 이 알고리즘은 흑인 남성이나 위구르족 사람들이 이러한 시스템에 의해 불균형적으로 감지되는 것을 정상으로 보이게 한다. 그들은 경찰과 그들이 보호하는 사람들이, 감시란 언제나 권력자의 시선에 맞지 않는 사람들을 통제하고 훈육하는 것임을 인식하지 못하도록 가로막는다. 중국만이 아니라 전 세계가 감시 문제를 안고 있는 것이다.

날로 증가하는 자동화된 인종화의 일상성이라는 지리멸렬에 맞서기 위해, 무엇보다 세계 전역에서 행해지는 생체 감시의 해악을 명백하게 밝혀야 한다. 구금될 수 있는 사람들의 인생은 삶을 가로지르는 권력의 끄트머리에서 가시화되어야 한다. 그런 다음 인간 경험에 대해 사유하지 않는 세계적인 엔지니어, 투자자, 홍보 회사들이 인간 재교육을 설계하는 데 있어 어떤 역할을 했는지 분명하게 밝혀져야 한다. 신장이 시애틀 뒤에 버티고 서 있었던 방식과 같은 상호연결망은 사유할 수 있도록 만들어야 한다.

감사의 말

이 책은 사연을 전해준 이들의 용기에서 나왔다. 나는 우선, 그토록 많은 위험을 무릅쓰고 자신의 이야기를 들려준 용감한 위구르족, 카자흐족, 후이족, 한족 사람들에게 감사의 말을 전하고 싶다. 베라 저우와 마차이윈은 나를 자신들의 삶으로 초대해, 그들의 일상이 어떻게 찢어졌는지에 관한 깊고 친밀하며 고통스러운 사연을 말해주었다. 나와 이야기를 나누기 위해 많은 시간을 기다렸던 카자흐스탄의 한 공동체는 눈물을 흘리며 자신들의 영혼을 드러냈다. 코로나19가 전 세계를 휩쓸자, 봉쇄된 지역의 위구르인들은 나와 스카이프 화면을 공유하며 지구 반대편에 있는 낯선 사람에게 마음을 쏟아주었다. 나는 이 책이 그들의 모든 감정 노동에 사소한 보상이 되길 희망한다. 그리고 결코 끝나지 않을 것만 같은 트라우마로부터 천천히 회복하는 데 도움이 되길 바란다.

많은 대화는 카자흐스탄에 있는 한 연구 보조원의 헌신과 대담함 덕분에 이루어졌다. 그는 아직 익명을 유지해야 하며, 이곳 시애틀에서는 아키다 풀랏Akida Pulat이라는 이름의 과단성 있는 조수로 일하고 있기도 하다. 아키다는 2017년 자신의 어머니이자 나의 동료이기도 한 라힐라 다우트Rahile Dawut를 재교육 수용소에 잃었다. 나와 함께 그 모든 공포를 정면으로 맞닥뜨리고 수용소 내부로부터의 이야기를 들어온 그의 용기는 엄청난 것이었다. 아키다, 당신은 우리 모두에게 영감을 주었다.

나는 또한 이 책을 집필하도록 나를 다그쳐준 동료들과 친구들에게 고마움을 표하고 싶다. 라우라 머피Laura Murphy, 라이언 썸Rian Thum, 제프 와서스트롬Jeff Wasserstrom이 없었다면 이 책은 출간되지 않았을 것이다. 진 부닌Gene Bunin과 세리크잔 빌라쉬Serikzhan Bilash는 물류 지원을 제공해주었다. 〈섭차이나SupChina〉의 앤서니 타오Anthony Tao는 디지털 인클로저의 영향에 대한 한족과 위구르족의 관점을 탐구할 수 있는 공간을 내게 주었다. 〈차이나파일China File〉의 수지 제이크Susie Jakes, 제시카 배키Jessica Batke, 사라 시걸-윌리엄스Sara Segal-Williams는 중국 정부 문건과 비판적인 피드백을 제공해주었다. 〈노에마Noema〉의 로자 오하라Rosa O'Hara와 피터 멜가드Peter Mellgard는 이 책의 아이디어를 발전시킬 수 있는 플랫폼을 제공해주었다. 〈가디언〉의 아마나 폰타넬라-칸Amana Fontanella-Khan과 올리버 콘로이Oliver Conroy는 내가 마지막 장에서 자리를 찾은 몇 가지 아이디어들을 통해 깊이 생각해볼 수 있도록 도와주었다. 그리고 〈인터셉트Intercept〉가 내게 제공해준 경찰 내부 문건과 야엘 브라우어Yael Brauer와의 몇 시간 동안의 대화는 이 책의 개념적이고 분석적인 틀을 형성해주었다. 나의 학술 멘토이자 동료 사리타 앰루트Sareeta Amrute, 사샤 수-링 웰런드Sasha Su-Ling Welland, 캐롤라이나 산체스 보Carolina Sanchez Boe와의 대화 역시 이 프로젝트에 대한 접근 방식을 튼튼하게 다져주었다.

〈컬럼비아 글로벌 리포트Columbia Global Reports〉의 지미 소Jimmy So와 니콜라스 레만Nicholas Lemann의 인내, 빈틈없는 지도 및 지원은 상당히 큰 도움이 되었다. 그들의 조직적이고 호소력 있는 자세한 조언은 이 이야기를 새로운 방식으로 살아나게 했다. 이 프로젝트에 대한 카밀 맥더피Camille McDuffie의 열정은 언론과 함께 작업하는 것의 즐거움을 알려주었다. 그들은 내가 사회과학과 문학적 논픽션의 세계 사이를 오가도록 도와주었다. 나는 그들에게 크게 빚을 졌다.

마지막으로, 동반자 제니퍼 바일러Jennifer Byler는 언제나 나의 첫 번째이자 최고의 독자였다. 이 책에 대한 그의 확신은 내가 중국 서북지방의 친구들이 직면하고 있는 어마어마한 괴로움을 대변하기 위해 안간힘을 쓰는 한, 이야기를 쓰는 데 최선을 다하도록 밀어붙였다. 이 책을 2017년과 2018년에 재교육 수용소로 사라진 우리의 친구 A.A., E., 라힐라 다우트, D.M., A.S., 페르헷 투르선Perhat Tursun, Y.에게 바치고 싶다. 단 하루도 당신들을 생각하지 않은 날이 없었다.

옮긴이의 말

신장의 재교육 수용소 실태가 널리 알려지기 시작한 것은 2018년 11월 익명의 중국인이 언론을 통해 이닝시에 새로 지어진 대형 수용소 사진과 영상을 공개하면서다. 인터넷을 통해 쉽게 접근할 수 있는 그 자료를 보면, 《신장 위구르 디스토피아》가 묘사한 "디스토피아"의 풍경을 짐작할 수 있다. 2019년 말에는 국제탐사보도언론인협회ICIJ가 입수한 극비 문건(신장의 공안 정책을 총괄하는 당위원회가 해당 부서에 배포한 문건, 법원 판결문 등)이 세상에 알려졌다. 2017년에 작성된 문건에서 신장위구르자치구 공안당국은 소수민족 주민이 구금된 수용시설의 운영에 대해 지시하고 있다. 특히 수용자 탈출 방지, 세뇌 교육, 전염병 발생 통제, 수용자들의 친척 면회나 화장실 사용 허락 기준 등 구체적 내용을 담고 있다. 무엇보다 이러한 감시 통제는 소수민족 빅데이터와 인공지능 알고리즘을 활용한 선별과 구금으로 작동하는데, 《신장 위구르 디스토피아》는 이 끔찍한 실상을 구조적 분석과 생존자 구술을 통해 생생히 드러낸다.

2020년 9월 호주전략정책연구소ASPI는 위성 사진을 분석해 신장에 총 380개(다른 조사 자료에서는 385개)의 재교육 수용소가 있다고 밝혔다. 1년 사이 61개소가 더 늘어난 수치다. 이에 대해 중국 정부는 "직업교육 목적의 훈련센터"라고 일축하며 "테러리즘과 극단주의 대응에 필요하다"고 주장하는 한편, 국제회의에서는 "내정 간섭"이라고 반발하고 있다. 또 미국 의회가 '위구르 인권정책법'과 '위구르족 강제노동 방지법'을 통과시킨 것에 대해 중국 공안부는 신장을 이용해 중국을 억압하려는 서방의 움직임이라고 비난했다. 그러나 폭로된 문건들의 구체적인 내용에 대해서는 별 언급이 없다.

영미권의 여러 논자들은 신장 문제에 관한 "좌파의 침묵"에 대해 비판적으로 발언해왔다. 레이첼 해리스Rachel Harris는 〈가디언〉 칼럼에서 "(좌파는) 신장 지역 무슬림 박해 문제를 전 세계적 이슬람 혐오의 맥락에서 이야기해야 한다"고 말한 바 있다. 다니엘 베스너Daniel Bessner와 아이작 스톤 피시Issac Stone Fish는 〈네이션〉에 기고한 글에서 "반제국주의 좌파는 인도주의 문제에 대해 더는 중도파나 보수파에 양보하지 말고, 보다 진보적인 접근을 제시해야 한다"고 주장했다. 하물며 한국도 예외는 아닐 것이다.

중화인민공화국은 법·제도나 선전 문구에서 사회주의를 표방하고 있다. 더구나 20세기 세계 정세와 현실사회주의 역사에서 중국 혁명이 차지하는 의미는 작지 않다. 그러나 중국 정부가 개혁개방 이후 급속도로 신자유주의적 개혁을 밀어붙이면서 극심한 빈부격차를 낳았고, 자본주의적 모순이 심화되면서 최근 중국은 다수의 학자로부터 '당-국가 주도의 자본주의 체제'로 인식되고 있다. 실제 중국 정부는 자본의 원활한 이윤 축적을 위해 노동자의 목소리를 억누르는 것에 열중하고 있다. 2022년 초 시진핑 국가주석이 "공동부유"를 주창한 것은 마오쩌둥 시대로의 회귀이기보단 내부 불만을 관리하기 위한 측면이 강하다. "중화민족의 위대한 부흥"과 "중국몽"으로 상징되는 일련의 구상에 "사회주의"와 "민주"의 자리는 없어 보인다.

최근 무역과 군사, 기술 등 여러 방면에서 미·중 분쟁이 격화되면서 "신냉전"의 도래에 대한 우려가 점화하고 있고, 러시아의 우크라이나 침략을 기점으로 유라시아·중앙아시아 일대의 지정학적 중요성이 강조되고 있다. 가뜩이나 중국 정부가 서부 진출을 위해 추진해온 일대일로—帶—路 프로젝트에서 신장은 가장 중요한 지역이 될 수밖에 없다. 신장을 거쳐야만 중국 자본이 유럽과 아프리카로 진출할 수 있는 경로가 열리기 때문이다.

2011년 1월 북아프리카에서 자스민 혁명이 일어나자, 당시 후진타오 주석과 저우융캉 중앙정치법률위원회 서기는 중앙당교 회의에서 색깔혁명을 방지해야 한다고 발언한 바 있다. 8년이 지난 2019년 1월 시진핑 주석도 색깔혁명을 언급하며 위기의식을 강조했다. 그것이 통치 안정성을 위협할지도 모른다고 보았기 때문이다. 그해 6월 홍콩에서 대규모 시위가 발생하자 중국 정부는 강경하게 진압했고, '일국양제'를 붕괴시켰다. 이처럼 중국공산당 엘리트들은 오늘날 내부 통치의 최우선 과제를 색깔혁명 방지에 두고 있는 것으로 보인다. 2022년 10월 제20차 당대회 업무보고 역시 "내부 단결과 분투"를 강조하고 있다.

신장 문제는 이미 국제 쟁점으로 부상한 지 오래고, 이를 둘러싼 논쟁도 적지 않다. 아드리안 젠즈Adrian Zenz는 2020년 6월 발표한 논문을 통해 2015년부터 2018년까지 몇몇 소수민족 지역에서 인구 증가율이 84퍼센트가량 하락했고, 2019년에는 더 크게 하락했다는 이유로 신장자치구에서 위구르족에 대한 제노사이드genocide가 벌어지고 있다고 주장한다. 하지만 이 논문은 동시에 몇 가지 결함을 갖고 있다. 그는 2018년 신장 지역에서 사용된 자궁내피임기구가 중국 전체의 80퍼센트에 달한다고 주장했으나, 실제 통계 자료를 보면 8.7퍼센트 수준이다. 나아가 위구르족의 산아 제한에 대한 주장 역시 통계적인 오류와 확증편향이 낳은 오류로 보인다. 젠즈에 대한 비판자들은 이러한 결정적 오류와 함께 논문이 보수주의 경향을 지닌 재단의 지원으로 발표됐다는 점을 들어 신뢰성에 의문을 제기한다. 이 재단의 사업은 구사회주의 진영을 비판하는 데 초점을 맞추고 있다. 비판자들은 위성 사진과 내부 문건, 증언 등으로 증명된 재교육 수용소의 존재를 부정하는 대신, 수용인원 규모가 근거 없이 부풀려져 있다고 주장한다. 현재로서는 신장위구르자치구 내 385개의 재교육 수용소에 얼마나 많은 사람들이 수용되어 있을지 정확하게 가늠할 방법이 없다.

중국인권감시단CHRD은 2017년 7월부터 이듬해 6월까지 신장자치구 남부 카슈가르지구의 여러 마을에서 위구르족 주민 8명을 만나 인터뷰한 바 있다. 이들이 자신의 마을에서 150~500명, 8~10퍼센트의 주민들이 수용됐다고 증언한 내용을 토대로 CHRD 보고서는 수용인원 비율(12.8퍼센트)을 계산해 신장 전반에서 약 66만 명이 수용소에 구금되고 130만 명이 마을에서의 재교육 프로그램에 강제로 참가했을 것이라 추정했다.

이에 대해 비판자들은 부정확한 추정에 불과하다고 지적한다. 하지만 대체 누가 정확한 인원을 알 수 있겠는가? 위성 사진으로 파악된 385개의 수용소에 소형 교도소 기준 인원인 500명가량이 수용되어 있다고 하더라도 이는 무시할 수 있는 숫자가 아니다. 비판자들의 논리가 옹색해 보이는 이유다. 이 책의 저자 대런 바일러는 숫자 규명의 함정에 빠지지 않는다. 그는 생존자들의 증언에 기초해 인류학적 방법론으로 문제에 접근하고, 검증 가능한 자료에 근거한 구조적 맥락을 통해 해설을 보탠다.

한편 캐나다의 반제국주의 사회주의 매체 〈캐나다파일The Canada File〉의 편집장 에이단 조나Aidan Jonah는 2014년과 2015년 CHRD가 미국 민주주의국가기금NED으로부터 40~50만 달러의 재정 지원을 받은 사실, 2016년부터 2019년까지 '위구르 인권 프로젝트'가 총 128만 4,000달러를 후원받은 사실을 들어 캐나다 국제인권소위원회가 신장 위구르족 문제에 관해 2020년 10월 발표한 보고서 등이 "CIA의 자금 지원을 받는 연구들의 결과일 뿐"이라고 폄훼한다. 이 책의 저자 역시 이 위원회가 주최한 청문회에 한 차례 참가한 바 있다.

CHRD가 NED로부터 예산 지원을 받았다는 이유만으로 CIA 공작의 소산이라고 비난할 수 있을까? 로널드 레이건의 구상에서 출발했던 NED 기금이 제3세계에서 미국에 유리한 정치공작에 활용됐다는 점은 사실이다. NED는 약 90개국에서 "민주주의

촉진"이라는 명분 아래 비영리단체들에 자금을 배분해왔다. 설립 이듬해인 1984년부터 1993년까지 10년 동안 NED는 CIA를 통해 의회 자금을 제공받았고, NED는 이 돈을 친미성향 인사들을 위한 리더십 훈련, 교육 체계와 대중 선전, 친미성향 운동가들이 만든 기관에 지원했다. 1994년부터 NED는 미국 정부와 스미스 리차드슨 재단 등 민간 기금으로부터 재정 지원을 받기도 했다. 즉 NED 기금이 경찰국가 미국의 이데올로기 공작의 도구라는 점도, CIA와 단절된 지 28년이 지났다는 점도 모두 사실이다. 하지만 NED 기금이 투여됐다는 이유로 모든 것을 부정해야 할까?

대런 바일러는 2019년 12월 미국 공영라디오NPR와의 인터뷰에서 자신은 미국 정부와 전혀 관련이 없으며, 앞으로도 그럴 것이라고 반박했다. 그러면서 그는 "미국이 굿 가이good guy라고 생각하지 않는다"고 덧붙였다. 그의 이런 견해는 미국이 시작한 "테러와의 전쟁"이 2017년 이후 중국 신장에서 어떻게 반복됐는지에 대한 설명에서 드러난다.

위구르 문제에 대한 서방 주류언론의 논리를 가장 열심히 반박하는 것은 챠오 컬렉티브Qiao Collective(이하 '챠오')다. 2020년 9월 좌파 저널 〈먼슬리 리뷰Monthly Review〉의 온라인 플랫폼을 통해 공개한 글에서 챠오는 신장 문제에 얽힌 역사적 논쟁을 시간순으로 소개하고, 몇몇 잘못된 자료들이 신장의 현실을 왜곡한다고 반박했다. 하지만 이 글은 오답노트에 그칠 뿐, 다른 합리적 비판들에 대해선 침묵한다. 챠오는 "중국공산당의 신장 정책에 비판할 부분이 있다"고 인정하면서도 해당 글 어디에서도 대체 무엇을 인정하는지 말하지 않는다.

신장 문제에 대한 침묵을 옹호하는 챠오의 입장이 좌파와 사회운동에 끼칠 악영향을 우려한 비판이론 연구자들은 공개서한을 발표한다. 대런 바일러 등 좌파 연구자 35인은 이 서한에서 "중국의 내정에 대한 미국의 부정적이고 자기 이해관계에 근거한 비판에 대해 충분히 인식하고 있다"면서, "좌파는 신장에서 벌어지는 이슬람 혐오 탄압을 옹호하는 위치에서 벗어나야 한다"고 말한다. "재교육 수용소 문제가 NED나 CIA에 의해 조작된 신화이길 바라"지만, 현실은 전혀 그렇지 않다는 것이다. 35인은 "제노사이드"나 "노예화" 같은 용어에 대해선 얼마든 토론할 수 있지만, 그런 논의가 소수민족 주민들의 권리를 침해하는 현실에 대한 부정론에 빌미를 주어선 안 된다는 점도 언급한다.

35인이 주목하는 문제는 신장을 중앙아시아 경제 중심지로 만들고자 하는 자본주의적 발전이 낳은 새로운 조건 속에서 신장 문제 역시 일어났다는 사실이다. 자본주의의 팽창과 위기가 낳은 과잉생산, 원주민 공동체에 대한 억압, 그 사이의 연결고리가 만든 모순에 대해 좌파가 침묵하는 것은 의도적이고 맹목적인 함구에 지나지 않을 것이다. 더구나 중국 정부의 반극단주의 담론이나 "테러와의 전쟁"은 9.11 테러 이후 미국 행정부의 대응을 모방한 것이다. 35인은 챠오가 "위험한" 사람들을 선제적으로 식별·조치한다는 서구 정책을 비난하면서도, 그것을 그저 서구의 이중잣대를 폭로하기 위한 논리로만 활용한다고 지적한다. 서구와 중국의 위선을 모두 비판하고, 소수민족 저항의 사회적 맥락과 구조적 모순을 인식하면서 정치적 해결의 필요성을 제기해야 한다는 게 이들의 생각이다. 최소 수십만 명의 사람들이 강제수용되어 있거나 강제노동의 착취를 당하고 있는 사실에 대해서는 침묵하고, 자신들에게 유리한 사실들만 열거한 차오를 통렬하게 비판하는 35인의 논점은 이 쟁점에 있어 좌파가 견지할 입장과 태도를 분명히 보여준다.

이러한 논쟁으로부터 1년 후에 출간된 이 책은 인류학자인 저자의 또 다른 응답이다. 신장 지역 현장연구에서 다양한 사람들을 만난 저자는 생생한 증언과 자료들을 바탕으로, 인종주의적이고도 반인도적인 통제 시스템의 민낯을 폭로한다. 잔혹한 현실 앞에서 감정이 앞서기 마련이지만, 사실과 논리를 바탕으로 한 논의를 포기하지 않는 덕분에 독자들이 냉정하게 현실을 이해하고 뜨겁게 사유할 수 있도록 돕는다.

신장에서의 소수민족 탄압을 언급할 때 대다수 주류언론은 이 문제에 얽힌 복잡성을 드러내는 대신, 단순화된 선악 구도로 상황을 설명하기에 급급하다. 이에 반해 저자는 실리콘밸리의 빅테크 자본이 신장의 첨단 감시 시스템을 구축하는 과정에서 근본적 책임을 지닌다는 사실을 잊지 않는다. 인공지능 알고리즘과 기술진보가 인류를 구할 것처럼 떠드는 시대에 이 불편한 진실이 가리키는 바를 외면하긴 어렵다.

사실 우리는 무엇what이 문제인지는 잘 알고 있다. 문제는 어떻게how다. 이 사태를 어떻게 이해할 것인가, 어떻게 살 것인가,

어떻게 싸울 것인가. 《신장 위구르 디스토피아》는 문제를 어떻게 응시할지 고민케 한다는 점에서 소중하다. 우리 앞에 당도한 디스토피아적 현실을 외면하고서 어떻게 신장위구르자치구 문제를 남 일처럼 비난할 수 있겠는가? 이 문제를 양대 국가 간 지정학적 분쟁의 도구로 전락시키지 않으려면, 우리가 선 곳에서의 도전이 필요하다. 신장 내 모든 소수민족 민중의 평화와 안녕을 기원한다.

2022년 11월

홍명교

더 읽을 만한 것들

나의 책 《테러 자본주의: 중국 도시에서의 위구르족 철거와 남성성Terror Capitalism: Uyghur Dispossession and Masculinity in a Chinese City》은 수용소 제도를 이끈 경제적인 동인에 대해 살펴본다. 2011년과 2018년 사이 신장 지역에서 실시된 인류학적 현장연구를 바탕으로, 감시의 증가가 어떻게 기존 세계 역사의 식민화 및 자본주의와 연결되어 있는지 보여준다.

실비아 린트너Silvia Lindtner의 《프로토타입 국가: 중국, 그리고 도전받는 혁신 가능성Prototype Nation: China and the Contested Promise of Innovation》은 노동자, 디자이너, 투자자의 관점에서 중국의 첨단기술 개발의 성장을 살펴본다. 이 책은 중국 기술산업과 관련된 세계적인 상호연결, 목표, 노동 관행을 보여준다는 점에서 《신장 위구르 디스토피아》의 중요한 보충이다.

조프리 케인Geoffery Cain의 《완벽한 경찰국가 The Perfect Police State The Perfect Police State》는 감시 시스템의 초기 효과를 이해하기 위해 튀르키예와 미국에 있는 위구르인들과의 인터뷰를 담고 있다.

조앤 스미스 핀리Joanne Smith Finley의 논문 "현대 신장의 안보, 불안, 갈등: 중화인민공화국의 대테러 정책은 국가 테러로 발전했는가?Securitization, Insecurity and Conflict in Contemporary Xinjiang: Has PRC Counter-terrorism Evolved into State Terror?"는 수용소 시스템의 부상과 그 영향에 대해 공신력 있게 설명하고 있다.

숀 로버츠의 《위구르족과의 전쟁: 무슬림 소수민족에 대한 중국의 내부 캠페인The War on the Uyghurs: China's Internal Campaign Against a Muslim

Minority》은 위구르족에 대한 국가 정책을 검토하고 중국의 정책이 테러와의 전쟁과 어떻게 연결되는지 살펴본다. 이 책은 《신장 위구르 디스토피아》에서 묘사된 시스템의 거시적 관점을 제공한다.

제임스 밀워드James Millward의 《신장의 역사: 유라시아의 교차로Eurasian Crossroads: A History of Xinjiang》(사계절, 2013)는 신장 지역에 대한 가장 권위적이고 최신의 역사를 담고 있다. 이 책은 신장이 형벌 식민지가 된 과정의 역사를 말해준다.

맘티민 알라Mamtimin Ala의 《죽음보다 더 나쁜: 위구르족 제노사이드의 반향Worse Than Death: Reflections on the Uyghur Genocide》은 위구르족 사회에서 수용소 시스템의 영향에 대한 깊이 있는 개인적 성찰을 보여준다. 위구르인 현대 철학자의 관점에서 쓴 이 책은 사람들이 파괴되는 것을 목격하는, 말로 표현할 수 없는 공포를 표현하기를 시도한다.

리사 로스Lisa Ross의 《중국 위구르의 살아 있는 성지들Living Shrines of Uyghur China》은 위구르족 성지와 종교적 풍경을 모은 사진집이다. 이 아름다운 사진들은 위구르가 그들 조상의 고향이라는 주장을 환기하는 시각적인 설명을 제공한다. 2017년 이후 중국 정부는 이 공간들 대부분을 제거해버렸다.

라이언 썸의 《위구르 역사의 성스러운 길The Sacred Routes of Uyghur History》은 위구르족 집단 기억의 살아 있는 역사를 말해준다. 이 책은 위구르족 사람들의 사회를 파괴하는 것에서 현안이 무엇인지 실증한다.

굴다나 살림잔Guldana Salimjan의 논문 "상실의 지도 그리기, 선조를 기억하기: 중국 카자흐족의 계보학적 서사Mapping Loss, Remembering Ancestors: Genealogical Narratives of Kazakhs in China"는 카자흐족 여성이 조상의 역사와 신장 북부지역 토지에 대한 애착을 환기하기 위해 말해주는 이야기들을 살펴본다. 중국 출신의 카자흐족 현지인으로서 살림잔은 카자흐족 여성이 서로를 돌보는 방식과 그들이 유래한 장소를 묘사한다.

참고문헌

들어가며

1. Chun Han Wong, "China's Hard Edge: The Leader of Beijing's Muslim Crackdown Gains Influence," *Wall Street Journal*, April 7, 2019, https://www.wsj.com/articles/chinas-hard-edge-the-leader-of-beijings-muslim-crackdown-gains-influence-11554655886

2. "奎屯-独山子便民警务站公开招 聘协警公告" Sohu.com, 2017년 2월 6일, https://www.sohu.com/a/125565427_130552; 고용된 9만 명이 누구인지, 그들의 일은 무엇인지에 대해서는 3장에서 상세히 논한다.

3. "Memorandum of Conversation Between Stalin and CCP Delegation, June 27, 1949," Wilson Center Digital Archive, https://digitalarchive.wilsoncenter.org/document/113380.pdf?v=a72a4ae09caba5e4c7034a5c2eb69c0d

4. 제임스 밀워드, *Eurasian Crossroads: A History of Xinjiang* (Hurst Publishers, 2021), pp. 265-270. 한국어판은 《신장의 역사》(사계절, 2013)로 출간되었다.

5. Nicolas Becquelin, "Staged Development in Xinjiang," *China Quarterly* (2004), pp. 358-378.

6. 제임스 밀워드, 《신장의 역사》

7. Abduweli Ayup, *Mehbusluq Zawuti* [The Prisoner Factory: A Memoir] (Manuscript 2021), pp. 12-13.

8. 대런 바일러, "Requiem for the Living Dead Ten Years After 7-5," *SupChina*, July 3, 2019, https://supchina.com/2019/07/03/requiem-for-the-living-dead-ten-years-after-7-5/

9. Human Rights Watch, 2009, "'We Are Afraid to Even Look for Them': Enforced Disappearances in the Wake of Xinjiang's Protests," October 20, 2009, https://www.hrw.org/sites/default/files/reports/

xinjiang1009webwcover.pdf

10　Sean Roberts, *The War on the Uyghurs: China's Internal Campaign Against a Muslim Minority* (Princeton University Press, 2020); Gardner Bovingdon, The Uyghurs: Strangers in Their Own Land (Columbia University Press, 2010).

11　Sean Roberts, *The War on the Uyghurs*

12　대런 바일러, "Imagining Re-Engineered Uyghurs in Northwest China", *Milestones: Commentary on the Islamic World*, April 20, 2017, https://www.milestonesjournal.net/photo-essays/2017/4/20/imagining-re-engineered-muslims-in-northwest-china

13　Adrian Zenz and James Leibold, "Securitizing Xinjiang: Police Recruitment, Informal Policing and Ethnic Minority Co-optation", *China Quarterly* 242 (2020), pp. 324-348; John O. Koehler, Stasi: The Untold Story of the East German Secret Police (Westview Press, 1999).

14　James Leibold, "The Spectre of Insecurity: The CCP's Mass Internment Strategy in Xinjiang," *China Leadership Monitor*, March 1, 2019, https://www.prcleader.org/_files/ugd/10535f_208169ee3fe64371a5e8513c1f5e0a64.pdf; 이러한 결과는 신장 전역 여러 지역(우루무치, 아커쑤, 카라카시)의 경찰 내부 문건과 과거에 수감되었던 사람들과의 인터뷰와 연관성을 갖는 구금 시설의 수용 능력 추정치와 일치한다.

15　리샤오샤李晓霞, "신장 지역 인구변동 상황 분석보고新疆地区人口变动情况分析报告", 톈샨넷天山网, 2021년 1월 7일, https://archive.ph/O1vOg#selection-687.14-687.17

16　Megha Rajagopalan, "China Is Forcing People to Download an App That Tells Them to Delete 'Dangerous' Photos," *Buzzfeed*, April 9, 2018, https://www.buzzfeednews.com/article/meghara/china-surveillance-app; Raymond Zhong, "China Snares Tourists' Phones in Surveillance Dragnet by Adding Secret App," New York Times, July 2, 2019, https://www.nytimes.com/2019/07/02/technology/china-xinjiang-app.html

17　"Scholars Spreading Rumors About Uyghur Detention Work for US Intel Agency: Spokesperson," *Global Times*, December 3, 2019, https://www.globaltimes.cn/content/1172046.shtml

18 "Information Received from China on Follow-up to the Concluding Observations on its Combined Fourteenth to Seventeenth Periodic Reports," United Nations, October 8, 2019, https://undocs.org/CERD/C/CHN/FCO/14-17

19 "The 'Four Togethers' and 'Three Gifts' Handbook," Chinese Ministry of Civil Affairs, https://xinjiang.sppga.ubc.ca/policy-documents/government-sources/cadre-materials/the-fourtogethers-and-three-gifts-handbook/

20 "Xiheba Precinct Risk Evaluation Judgment Report During Ramadan 2018," Xinjiang Ministry of Public Security, translated by the *Intercept*, https://www.documentcloud.org/documents/20466261-document-24

21 "The Xinjiang Data Project," Australia Strategic Policy Institute, 2020, https://xjdp.aspi.org.au/

22 신장 인민검찰원 연차 업무 보고서 2018-2021; 최고 인민검찰원 연차 업무 보고서 2018-2021

23 Donald Clarke, "China's low acquittal rates: interesting statistics," *The China Collection*, May 5, 2020, https://thechinacollection.org/chinas-low-acquittal-rates-interesting-statistics/

24 "Countering the Root Causes of violent Extremism Undermining Growth and Stability in China's Xinjiang Region by Sharing UK Best Practice," United Kingdom, Foreign, Commonwealth and Development Office, March 31, 2017, https://devtracker.fcdo.gov.uk/projects/GB-GOV-3-PAP-CNF-002340/summary

25 Amy Qin, "In China's Crackdown on Muslims, Children Have Not Been Spared," *New York Times*, October 15, 2020, https://www.nytimes.com/2019/12/28/world/asia/china-xinjiang-children-boarding-schools.html

1장

1 "쿠이툰시, 사이버안전정보화사업 추진회의 개최奎屯市召开网络安全和信息化工作推进会", 〈쿠이툰링쥐리奎屯零距离〉, 2017년 1월 20일, https://

archive.fo/tWk0l

2   United Nations, 2019.

3   Austin Ramzy and Chris Buckley, "'Absolutely No Mercy': Leaked Files Expose How China Organized Mass Detentions of Muslims," *New York Times*, November 16, 2019, https://www.nytimes.com/interactive/2019/11/16/world/asia/china-xinjiang-documents.html

4   Primo Levi, *Survival in Auschwitz* (Simon & Schuster, 1996). 1947년 이탈리아어로 출간된 원서의 제목은 *Se questo è un uomo*. 한국어판은 『이것이 인간인가』(돌베개, 2007)로 출간되었다.

5   "'Eradicating Ideological Viruses': China's Campaign of Repression Against Xinjiang's Muslims," Human Rights Watch, September 9, 2018, https://www.hrw.org/report/2018/09/09/eradicating-ideological-viruses/chinas-campaign-repression-against-xinjiangs

6   이는 신장 지역에서 널리 활용되는 라이방 스마트 교도소와 유사한 시스템일 가능성이 높다. 자세한 내용은 대런 바일러의 글 "The Global Implications of 'Re-education' Technologies in Northwest China"(Center for Global Policy, 2020)을 참고하라. https://cgpolicy.org/articles/the-global-implications-of-re-education-technologies-in-northwest-china/

7   이러한 추가 건설은 이 시기 좌표 44.412373, 85.070769의 수용소 위치 위성 사진에서 분명하게 확인할 수 있다. 2019년 5월 18일 Shawn Zhang이 게시한 "Satellite Imagery of Xinjiang Re-education Camp no. 81,"을 참고하라. https://medium.com/shawnwzhang/satellite-imagery-of-xinjiang-re-education-camp-81-28432a89b05

8   *Xinjiang Statistical Yearbook* (China Statistics Press, 2018).

9   Zhu Hailun, "Opinions on Further Strengthening and Standardizing Vocational Skills Education and Training Centers Work," Autonomous Region State Organ Telegram: New Party Politics and Law, No. 419, 2017, https://www.documentcloud.org/documents/6558510-China-Cables-Telegram-English.html#text/p1

10 "신장의 한 남성은 위챗 타임라인에서 친구들에게 이 말을 했다는 이유로 15일간 구류됐다新疆—男子被拘留15天，只因他在朋友圈说了这些话", 2019년 8월 2일, https://archive.fo/I4gSg

11 대런 바일러, "Sealed Doors and Positive Energy," *SupChina*, March 4, 2020, https://supchina.com/2020/03/04/sealed-doors-and-positive-energy-covid-19-in-xinjiang/

12 "China: Minority Region Collects DNA from Millions," Human Rights Watch, December 13, 2017, https://www.hrw.org/news/2017/12/13/china-minority-region-collects-dna-millions

2장

1 Rachel Harris and Aziz Isa, "'Invitation to a Mourning Ceremony': Perspectives on the Uyghur Internet," *Inner Asia* (2011), pp. 27–49.

2 대런 바일러, "I Researched Uighur Society in China for Eight Years and Watched How Technology Opened New Opportunities—Then Became a Trap," *The Conversation*, September 18, 2019, https://theconversation.com/i-researched-uighur-society-in-china-for-8-years-and-watched-how-technology-opened-new-opportunities-then-became-a-trap-119615

3 Rachel Harris and Aziz Isa, "Islam by Smartphone: Reading the Uyghur Islamic Revival on WeChat," *Central Asian Survey* 38, no. 1 (2019), pp. 61–80.

4 Jonathan Kaiman and Tania Branigan, "Kunming Knife Attack: Xinjiang Separatists Blamed for 'Chinese 9/11,'" *Guardian*, March 2, 2014, https://www.theguardian.com/world/2014/mar/02/kunming-knife-attack-muslim-separatists-xinjiang-china

5 대런 바일러, "Ghost World," *Logic magazine*, May 1, 2019, https://logicmag.io/china/ghost-world/

6 Timothy Grose, "Once Their Mental State Is Healthy, They Will Be Able to Live Happily in Society," *ChinaFile*, August 2, 2019, http://www.chinafile.com/reporting-opinion/viewpoint/once-their-mental-state-healthy-they-will-be-able-live-happily-society

7 대런 바일러, "Preventative Policing as Community Detention in

Northwest China," *Made in China Journal*, October 25, 2019, https://madeinchinajournal.com/2019/10/25/preventative-policing-as-community-detention-in-northwest-china/

8   "Learning and Identifying 75 Religious Extreme Activities in Parts of Xinjiang", 중국공산당 통일전선부 문건을 대런 바일러가 영문으로 번역했다. https://www.documentcloud.org/documents/20462439-learning-and-identifying-75-religious-extreme-activities-in-parts-of-xinjiang

9   "차오웨이, 4대 하드코드 테크 기업 CEO들을 모아 연착륙 달성이 능력에서 비롯되는 것인지 태도에서 비롯되는 것인지 묻다曹巍组团四大超炫硬科技CEO，解锁软着陆是能力还是态度|蓝驰论坛", 란츠 포럼, 2017년 8월 28일, https://bit.ly/2Rp8G84

10 "인공지능 시장을 조감하다鸟瞰人工智能市场", 이오우 싱크탱크亿欧智库, 2017년 9월, http://img1.iyiou.com/ThinkTank/2017/HowAIBoostsUpSecurityIndustryV6.pdf

11 "Banking Body Prepares List of PPP Projects in Xinjiang," *China Daily*, February 24, 2017, https://archive.fo/qWSo4 조슈아 친(Joshua Chin)과 리자 린(Liza Lin)의 글 *"Surveillance State: Inside China's Quest to Launch a New Era of Social Control"*(St. Martin's Press, 2021)도 참조하라.

12 "新疆216个PPP项目落 地落地 项目数居全国第二位With 216 PPP Projects in Xinjiang Is the Second Largest in the Country," *People's Daily*, November 14, 2017, http://www.csjrw.cn/2017/1114/72190.shtml; Ben Dooley, "Chinese Firms Cash in on Xinjiang's Growing Police State," AFP, June 27, 2018, https://www.afp.com/en/chinese-firms-cash-xinjiangs-growing-police-state

13 "关于2017年 自治区预算执行情况和2018年 自治区预算草案的报告 Report on the Implementation of the Autonomous Region's budget in 2017 and the Draft Budget of the Autonomous Region in 2018," Autonomous Region Department of Finance, February 3, 2018, https://web.archive.org/web/20180312143344/http://www.xinjiangnet.com.cn/2018/0203/2044552.shtml

14 "新疆安 防市场爆发，业绩拐点已现 The Breakout of the Xinjiang Security Market, and Its Performance Turning Point Revealed,"

Sinolink Securities, March 12, 2018, https://web.archive.org/web/20200419110824/http://pdf.dfcfw.com/pdf/H3_AP201803131102971114_1.pdf

15 James Millward and Dahlia Peterson, "China's System of Oppression in Xinjiang: How It Developed and How to Curb It," Brookings Institute, September 2020, https://www.brookings.edu/research/chinas-system-of-oppression-in-xinjiang-how-it-developed-and-how-to-curb-it/

16 Martin Beraja, David Y. Yang, and Noam Yuchtman, "Data-Intensive Innovation and the State: Evidence from AI Firms in China," NBER Working Paper No. w27723, 2020, https://economics.mit.edu/files/19807

17 "新疆喀什警方开通网上暴恐音视频信 息举报平台 Xinjiang Kashgar Police Opens Online Violent Terrorism Reporting Platform," *China News Network*, September 15, 2014. https://archive.vn/be7Va

18 "新疆查处多起传播暴恐音视频 宗教极端思想案违法信息案例 Xinjiang Investigated and Dealt with Multiple Cases of Illegal Information Dissemination of Violent and Terrorist Audio and Video, Religious Extremism," *Xinjiang Daily*, April 17, 2017, http://www.myzaker.com/article/58f45a801bc8e07034000001/

19 대런 바일러, "Ilham Tohti's Sakharov Prize and the Desecration of Uyghur Society," *SupChina*, November 6, 2019, https://supchina.com/2019/11/06/ilham-tohtis-sakharov-prize-and-the-desecration-of-uyghur-society/

20 Mark Andrejevic, "Surveillance in the Digital Enclosure," *Communication Review* 10, no. 4 (2007), pp. 295-317.

21 "China's Algorithms of Repression," Human Rights Watch, May 1, 2019, https://www.hrw.org/report/2019/05/01/chinas-algorithms-repression/reverse-engineering-xinjiang-police-mass-surveillance

22 대런 바일러, "The Global Implications of 'Re-education' Technologies in Northwest China," Center for Global Policy, 2020, https://cgpolicy.org/articles/the-global-implications-of-re-education-technologies-in-northwest-china/

23 "Xinjiang Shawan County Smart (Safe) Project Feasibility Study," Chinese Government Procurement Network, 2017, p. 10. Hosted at https://www.chinafile.com/library/reports/xinjiang-shawan-county-smart-safe-project-feasibility-study

24 Ryan Mac, "Clearview's Facial Recognition App Has Been Used by the Justice Department, ICE, Macy's, Walmart, and the NBA," *Buzzfeed*, February 27, 2020, https://www.buzzfeednews.com/article/ryanmac/clearview-ai-fbi-ice-global-law-enforcement

25 "London to Deploy Live Facial Recognition to Find Wanted Faces in a Crowd," arsTechnica, January 28, 2020, https://arstechnica.com/information-technology/2020/01/london-to-deploy-live-facial-recognition-to-find-wanted-faces-in-crowd/

26 Sui-Lee Wee, "China Uses DNA to Track Its People, with the Help of American Expertise," *New York Times*, February 21, 2019. https://www.nytimes.com/2019/02/21/business/china-xinjiang–uighur-dna-thermo-fisher.html

27 "Xinjiang Shawan County Smart (Safe) City Project Feasibility Study," p.89.

28 "着力打造'最亲民'服务窗口 Efforts to create the 'closest to the people' service window", 〈工人日报〉, 2019년 5월 24일, http://archive.fo/mPF40

29 "新疆户籍居民身份证丢失补领可网上自助办理了！附操作指南 Replacing lost or reissuing Xinjiang resident ID card can be done online! Use this self-service operation guide," Shawan County Public Security Bureau, October 12, 2018, http://archive.vn/a6Rhm

30 "戳一下，请了解"新疆智慧人社"APP待遇领取资格认证详细操作流程 Check this, please understand in detail how the operation process of the 'Xinjiang Smart Human Society' APP qualification certification will be treated," Shawan County Human Resources and Social Security Bureau, 2018, http://archive.fo/lbdnK

31 "好消息！沙湾 这8个小区正式实行人脸识别门 禁系统啦！Good news! The 8 Neighborhood Watch Units in Shawan have officially implemented a face recognition access control system!" Shawan Golden Shield, 2018, http://archive.fo/Hao1B

32 "沙湾县：合作社拓宽致富路小农户迈向大农业 Shawan County: Brigades broaden Zhifu Road and small farmers are moving toward large-scale agriculture," Shawan Zero Distance, December 14, 2018, http://archive.fo/aX1VS

33 Lilly Irani, "Justice for Data Janitors," Public Books, January 15, 2015, https://www.publicbooks.org/justice-for-data-janitors/

34 Adrian Zenz and James Leibold, "Securitizing Xinjiang: Police Recruitment, Informal Policing and Ethnic Minority Co-optation," China Quarterly 242 (2020), pp. 324-348.

35 沙湾县公安局招聘100名事业 编制便民警务站工作人员 Shawan County Public Security Bureau Recruits 100 Staff Members to Work in the People's Convenience Police Stations," Peaceful Shawan, August 22, 2017, http://archive.fo/sjWJJ

36 대런 바일러, "Chinese Infrastructures of Population Management on the New Silk Road," Wilson International Center for Scholars, 2021.

37 Yael Grauer, "Revealed: Massive Chinese Police Database," *Intercept*, January 29, 2021, https://theintercept.com/2021/01/29/china-uyghur-muslim-surveillance-police/

38 "China's Algorithms of Repression," Human Rights Watch, May 1, 2019, https://www.hrw.org/report/2019/05/01/chinas-algorithms-repression/reverse–engineering-xinjiang-police-mass-surveillance

39 Sareeta Amrute, "Bored Techies Being Casually Racist: Race as Algorithm," *Science, Technology & Human Values*, 45, 5 (2020): pp. 903-933.

40 "Сұмдық СҰХБАТ Terrifying Interview," Atajurt Kazakh Human Rights, January 11, 2019, https://www.youtube.com/watch?v=p8rVTEStmY8

41 "援疆干部风采录 A Record of the Cadres Who 'Aid Xinjiang,'" Changji Public Security Bureau, December 25, 2019, https://archive.vn/tFO2N

42 沙湾 县公安局招聘100名事业编制便民警 务站工作人员 Shawan County Public Security Bureau Recruits 100 Staff Members to Work in the People's Convenience Police Stations," Peaceful Shawan, August 22,

2017, http://archive.fo/sjWJJ

43 Shawn Zhang, "Satellite Imagery of Xinjiang Re-education Camp no. 83," May 18, 2019, https://medium.com/shawnwzhang/satellite–imagery-of-xinjiang-re-education-camp-83-377e9453db7a

44 "Victims by County of Origin," Xinjiang Victims Database, 2021, https://shahit.biz/eng/#map

45 "Xinjiang Shawan County Smart (Safe) Project Feasibility Study," Chinese Government Procurement Network, 2017, pp. 6, 183. https://www.chinafile.com/library/reports/xinjiang-shawan-county–smart-safe-project-feasibility-study

46 "2017年4月24号 沙湾新闻 Shawan News on April 24, 2017", *Shawan News*, April 24, 2017, http://archive.fo/bhPnC

3장

1 "Saybagh Facility #1," Xinjiang Data Project, 2021, https://xjdp.aspi.org.au/map/?marker=3298

2 Nancy Scheper-Hughes and Philippe Bourgois (eds.), *Violence in War and Peace*: An Anthology (Blackwell, 2004).

3 Didier Fassin, *Enforcing Order: An Ethnography of Urban Policing* (Polity, 2013), p. 7.

4 Joanne Smith Finley, "Securitization, Insecurity and Conflict in Contemporary Xinjiang: Has PRC Counterterrorism Evolved into State Terror?" *Central Asian Survey* 38, no. 1 (2019), pp. 1–26.

5 关于印发《古牧地镇2019年违法生育"两个彻查"专项行动实施方案》的通知 Notice on Printing and Distributing the 'Implementation Plan for the "Two Thorough Investigations" of Special Actions for Illegal Childbirth in Gumudi Town in 2019,'" Midong District Government, July 21, 2019, https://archive.vn/iGaGS; 켈비누르는 Emma Graham Harrison과 Lily Kuo의 기사 "Uighur Muslim Teacher Tells of Forced

Sterilisation in Xinjiang,"(*Guardian*, September 4, 2020)에서 자신에게 강요된 피임기구 검사의 실행에 대해 묘사한다. https://www.theguardian.com/world/2020/sep/04/muslim-minority-teacher-50-tells-of-forced-sterilisation-in-xinjiang–china

6 《哈巴河县持续深入开展违法生育专项治理工作实施方案》政策解读 "불법출산에 대한 특별조치의 지속·강화를 위한 하바허현 실행계획"에 관한 정책 해설, 하바허현, June 26, 2020, https://archive.fo/7wyhZ

7 《哈巴河县持续深入开展违法生育专项治理工作实施方案》政策解读

8 "巡视公告；阿克苏市举报违反计划生育政策行为'两个彻查'的通告 순시 공고; 아커쑤시는 가족계획정책행위 위반에 대해 두 개 항의 철저한 조사를 하겠다고 공고했다", 阿克苏市零距离, 2019년 5월 11일, https://archive.is/C97TN

9 "The Qaraqash List," Qaraqash Public Security Bureau, 2018, https://shahit.biz/supp/list_008.pdf을 확인하라; Gene Bunin의 글 "The Elephant in the XUAR: III"(*Living Otherwise*, April 2021) 역시 참조하라. https://livingotherwise.com/wp-content/uploads/2021/04/Elephant-in-the-XUAR-III.-Gene-A.-Bunin.pdf

10 리샤오샤, "신장 지역 인구변동 상황 분석보고新疆地区人口变动情况分析报告" 신장발전연구소, 2021, http://archive.is/O1vOg; Sigal Samuel, "China's Genocide Against the Uyghurs, in 4 Disturbing Charts," Vox, March 10, 2021, https://www.vox.com/future-perfect/22311356/china-uyghur-birthrate-sterilization-genocide

11 대런 바일러, "'The Atmosphere Has Become Abnormal': Han Chinese Views from Xinjiang," *SupChina*, November 4, 2020, https://supchina.com/2020/11/04/han-chinese-views-from-xinjiang/

12 대런 바일러, "'Uyghurs Are So Bad': Chinese Dinner Table Politics in Xinjiang," *SupChina*, June 3, 2020, https://supchina.com/2020/06/03/uyghurs-are-so-bad-chinese-dinner-table-politics-in-xinjiang/

13 대런 바일러, "China's Government Has Ordered a Million Citizens to Occupy Uighur Homes. Here's What They Think They're Doing," *ChinaFile*, October 24, 2018, https://www.chinafile.com/reporting-opinion/postcard/million-citizens-occupy-uighur-homes-xinjiang

14 For more on the history of technology in camp systems, see Andrea

Pitzer, *One Long Night: A Global History of Concentration Camps*, Little, Brown, and Company, 2017.

15　Ann Laura Stoler, *Carnal Knowledge and Imperial Power: Race and the Intimate in Colonial Rule* (University of California Press, 2010).

16　Zhu Hailun, "Opinions on Further Strengthening and Standardizing Vocational Skills Education and Training Centers Work," Autonomous Region State Organ Telegram: New Party Politics and Law, No. 419, 2017, https://www.documentcloud.org/documents/6558510-China-Cables-Telegram-English.html#text/p1

17　"다후아 전문산업 스마트 캠프 프로젝트大华专业行业智慧营区方案", 浙江大华技术股份有限公司, https://archive.fo/cmqVs; "신장 수용소의 정보화 건설에 대한 우주항공 화투오유한공사의 강력한 지원航天华拓实力助攻新疆某营区信息化建设", 深圳市航天华拓科技有限公司, 2019년 10월, https://archive.fo/EO1ix.

18　Zhu Hailun, "Opinions on Further Strengthening and Standardizing Vocational Skills Education and Training Centers Work."

19　Ben Dooley, "Inside China's Internment Camps," *AFP*, October 25, 2018, https://www.afp.com/en/inside-chinas-internment-camps-tear-gas-tasers-and-textbooks

20　"라이방 젠창来邦监仓 화상대화 시스템이 신장의 7개 교도소에 낙찰되다! 来邦监仓可视对讲系统 在新疆七所监狱中标!", 来邦科技股份公司, 2017년 11월 21일, https://www.lonbon.com/gsxw/show/22.html

21　"智慧监狱系统开发解决方案，新疆智慧监所可视化系统平台建设 The smart prison system development solution, construction of the visualization platform of the Xinjiang Smart Prison," Yuanzhong Ruiwu, April 13, 2021, https://archive.fo/pSgA0 For more on the use of affect recognition in Xinjiang detention facilities, see, Jane Wakefield, "AI emotion-detection software tested on Uyghurs," BBC, May 26, 2021, https://www.bbc.com/news/technology-57101248

22　Memtimin Ala, "Turn in the Two-Faced: The Plight of Uyghur Intellectuals," *Diplomat*, October 12, 2018, https://thediplomat.com/2018/10/turn-in-the-two-faced-the-plight-of-uyghur-intellectuals/

23 Frantz Fanon, *Black Skin*, White Masks (Grove Press, 1967).

24 Homi Bhabha, *The Location of Culture* (Routledge, 2012).

4장

1 Primo Levi, *Survival in Auschwitz*, p.67.

2 "Ihr seid keine Menschen," *Die Zeit*, 2019, https://www.zeit.de/2019/32/zwangslager-xinjiang-muslimechina-zeugen-menschenrechte/seite-2

3 "习近平: 要使暴力恐怖分子成为'过街老鼠人人喊打' Xi Jinping: Turn the Violent Terrorists into, "Rats Running Through the Street, While Everyone Beats Them Down,'" *Xinhua News*, April 26, 2014, https://archive.fo/JJ2LQ

4 *Die Zeit*, 2019.

5 "信阳市看守所开展'学习十九大 弘扬援疆精神'专题活动 Xinyang City Detention Center Launches the Special Activity of 'Learning from the 19th CPC National Congress and Carrying Forward the Spirit of Aid Xinjiang,'" Xinyang City Detention Center, December 23, 2017, https://archive.vn/Etdjz

6 "Shihu Facility #6," Xinjiang Data Project, 2021, https://xjdp.aspi.org.au/map/?marker=3541

7 Zhu Hailun, "Opinions on Further Strengthening and Standardizing Vocational Skills Education and Training Centers Work."

8 *Xinjiang Statistical Yearbook* (China Statistics Press, 2018). See also Adrian Zenz, "Break Their Roots: Evidence for China's Parent-Child Separation Campaign in Xinjiang," *Journal of Political Risk* 7, no. 7 (July 4, 2019), https://www.jpolrisk.com/break-their-roots-evidence-for-chinas-parent-child-separation-campaign-in-xinjiang/

9 Primo Levi, *Survival in Auschwitz*, p.36.

5장

1 Ben Mauk, "Inside China's Prison State," *New Yorker*, February 2021, https://www.newyorker.com/news/a-reporter-at-large/china-xinjiang-prison-state-uighur-detention-camps-prisoner-testimony

2 Erkin Azat, "Gulzira Auelkhan's Records in a Chinese Concentration Camp: 'I Worry About the Lives of Those Eight Who Have Not Signed a Contract in the Factory,'" *Medium*, March 4, 2019, https://erkinazat2018.medium.com/gulzira-auelkhan-s-records-in-a-chinese-concentration-camp-i-worry-about-the-lives-of-those-c18a2038a5a2

3 United Nations, 2019.

4 视频|州直纺织服装产业敲开群众"就业门" 영상| 이리카자흐자치주 방직의류산업이 군중의 '취업문'을 열고 있다, 伊犁电视台, 2018-12-04, https://archive.ph/KSe5r

5 "Lixian Huawei Gloves Factory," Alibaba, 2019, https://web.archive.org/web/20191211094113/huaweiglove.en.alibaba.com/company_profile.html?spm=a2700.icbuShop.conu5cff17.1.4af811a5izQHdr

6 "关于进一步完善自治区纺织服装 产业 政策的通知 Notice on Further Improving the Textile and Apparel Industry Policy of the Autonomous Region," Government of the Xinjiang Uyghur Autonomous Region, April 6, 2018, archive.fo/ZBsk8.

7 "自治区经济结构稳中有活 发展良好 The Economic Structure of the Autonomous Region Is Stable, Alive and Well Developed," Xinjiang Reform and Development Commission, December 2018, web.archive.org/web/20190520143306/http://www.xjdrc.gov.cn/info/9923/23516.htm

8 "Provincial Data Shows China's Shifting Agricultural Trends," Gro Intelligence, March 6, 2019, https://gro-intelligence.com/insights/provincial-data-shows-chinas-shifting-agricultural-trends

9 Dominique Patton, "Xinjiang Cotton at Crossroads of China's New Silk Road," Reuters, January 12, 2016, www.reuters.com/article/us-china-xinjiang-cotton-insight-idUSKCN0UQ00320160112

10 "Wages and Working Hours in the Textiles, Clothing, Leather and

Footwear Industries," International Labor Organisation, 2014, www.ilo.org/wcmsp5/groups/public/ed_dialogue/sector/documents/publication/wcms_300463.pdf

11 "Çin'in Yeni Planlarinin Yazili Emri İfsa Oldu Written Order of China's New Plans Revealed," Turkistan Press, July 23, 2018, https://turkistanpress.com/page/cin-39-in-yeni-planlarinin-yazili-emri-ifsa-oldu/247; "Learning and Identifying 75 Religious Extreme Activities in Parts of Xinjiang," United Front Department, Communist Party of China, 2017, Translated by Darren Byler, https://xinjiang.sppga.ubc.ca/policy-documents/government-sources/online-sources/identifying-religious-extremism/

12 "伊宁县'轻纺产业区'的产业工人：幸福是奋斗出来的！Industrial Workers in the 'Textile Industry Zone' of Yining County: Happiness Comes from Struggle!" Yining Zero Distance Yining, 2017, https://archive.ph/gdCmr

13 Nathan Vanderklippe, "'I Felt like a Slave': Inside China's Complex System of Incarceration and Control of Minorities," *Globe and Mail*, March 31, 2018, https://www.theglobeandmail.com/world/article-i-felt-like-a-slave-inside-chinas-complex-system-of-incarceration/

14 "Gulzira Aeulkhan," Xinjiang Victims Database, 2019, https://shahit.biz/eng/#1723

15 Nathan Vanderklippe, "'I Felt Like a Slave.'"

16 *Die Zeit*, 2019.

17 "关于印发《喀什地区困难群体就业培训工作实施方案》的通知 Notice on Issuing the 'Implementation Plan for Employment Training for Disadvantaged Groups in Kashgar,'" Kashgar Regional Office, August 10, 2018, https://web.archive.org/web/20181204024839/http:/kashi.gov.cn/Government/PublicInfoShow.aspx?ID=2963

18 "2019年12月20号沙湾新闻 Shawan News for December 20, 2019," *Shawan News*, December 20, 2019, http://archive.fo/O8J0T

19 Alibaba, 2019.

20 "Industrial Workers in the 'Textile Industry Zone' of Yining County: Happiness Comes from Struggle!"

21 "The State Direct Textile and Garment Industry Knocks on 'Employment Door' of the Masses."

22 Gene Bunin, "Detainees Are Trickling Out of the Camps," *Foreign Policy*, January 18, 2019, https://foreignpolicy.com/2019/01/18/detainees-are-trickling-out-of-xinjiangs-camps/

23 Primo Levi, *The Drowned and the Saved* (Vintage International Edition, 1989), p. 41.

24 Primo Levi, *The Drowned and the Saved*.

나가며

1 "People Who Downloaded the MegaFace Face Recognition Dataset via FOIA Release from the University of Washington," no date, https://docs.google.com/spreadsheets/d/1Pg_Lg8OfqloNtnyYaLyxAzYHEKYSJh1i3w5o0O1PCvY/edit#gid=0; "UW CSE's MegaFace Challenge Shows Bigger Is Better for Facial Recognition," Paul G. Allen School of Computer Science and Engineering, June 23, 2016, https://news.cs.washington.edu/2016/06/23/uw-cses-megaface-challenge-shows-bigger-is-better-for-facial-recognition/

2 "一文读懂人脸识别技术 One Article to Understand Face Recognition Technology," AVIC Web, June 25, 2019, https://archive.ph/kI1Nw

3 "人工智能成城市发展新动能旷视科技Face++助力多地构建'城市大脑' Artificial intelligence becomes a new driving force for urban development. Megvii Technology Face++ helps build 'urban brains' in many places," *Xinhua*, December 21, 2017, http://archive.fo/msIhN

4 "Alibaba-backed AI Startup Megvii Weighing IPO This Year: Sources," *Business Times*, January 11, 2019, https://www.businesstimes.com.sg/garage/news/alibaba-backed-ai-startup–megvii-weighing-ipo-this-year-sources

5 Aron Chen, "Venture Capital Big Shot's Remark on Ant and Megvii Sharing Data Sparks Public Concern," Pingwest, September 18, 2020,

https://en.pingwest.com/a/7770

6   "One Article to Understand Face Recognition Technology."

7   "One Article to Understand Face Recognition Technology."

8   Aron Chen, "Venture Capital Big Shot's Remark on Ant and Megvii Sharing Data Sparks Public Concern."

9   "Jue Wang, PhD," no date, https://www.juew.org/

10 "Megvii," no date, https://www.yellowpages.com/redmond-wa/mip/megvii-540945646

11 "Xue Bai," no date, https://sites.google.com/view/xuebai/home

12 "Megvii," Glassdoor, no date, https://www.glassdoor.com/ReviewsMegvii-Reviews-E976241_P2.htm

13 Xiaowei Wang, *Blockchain Chicken Farm*, 2020, FSG Originals x Logic, 2020, p. 157.

14 "极智探索创见未来——写在微软亚洲研究院20周年之际 Exploring Extreme Intelligence to Create a Future—Written on the 20th Anniversary of Microsoft Research Asia," Microsoft Research Asia, November 5, 2018, https://www.msra.cn/zh-cn/news/executivebylines/msra-20th–anniversary

15 Ken Glueck, "The Intercept's Latest . . . Not Even Sure Where to Start," *Oracle News Connect*, April 27, 2021, https://www.oracle.com/news/announcement/blog/the–intercepts-latest-2001-04-27/

16 "人工智能肉搏战：商汤和 旷视们的商业化征途 Hand-to-hand Combat with Artificial Intelligence: The Commercialization Journey of SenseTime and Megvii," 36 Krypton, April 8, 2018, https://36kr.com/p/1722417102849

17 "17年资历的安防老兵，在旷视Face++的所闻所感 A 17-year Security Veteran on What He Hears and Feels About Megvii's Face++," Leiphone, November 24, 2017, https://www.leiphone.com/news/201711/5l4j5TwcIkbnm6iQ.html

18 "用人工智能协助新疆长治久安旷视(Face++)亮相第四届亚欧安博会 Using Artificial Intelligence to assist Xinjiang's Long-term Peace and Security (Face++) Debut at the 4th Asia-Europe Security Expo,"

China Net, August 25, 2017, https://archive.fo/2AGKH#selection-315.59-315.114

19 Glassdoor, no date.

20 "旷视(Face++)孙剑：创业公司里的研究之美 Megvii's Face++ Sun Jian: The Beauty of Research in Startups," *Heart of the Machine*, January 11, 2017, https://archive.fo/CA6kN

21 Kilic Bugra Kanat, "'War on Terror' as a Diversionary Strategy: Personifying Minorities as Terrorists in the People's Republic of China," *Journal of Muslim Minority Affairs* 32, no. 4 (2012), pp. 507 – 527.

22 "'East Turkistan' Terrorist Forces Cannot Get Away with Impunity," Information Office of State Council, January 21, 2002, http://china.org.cn/english/2002/Jan/25582.htm

23 Chien-peng Chung, "China's 'War on Terror': September 11 and Uighur Separatism," *Foreign Affairs*, September 1, 2002, https://t.co/RgDhpnVkFS?amp=1; Sean Roberts, 2020.

24 "Terror List with Links to al-Qaeda Unveiled," *China Daily*, December 16, 2003, https://web.archive.org/web/20031217110119/http://chinadaily.com.cn/en/doc/2003-12/16/content_290658.htm

25 대런 바일러, "Terrifying Uyghurs," *Living Otherwise*, December 17, 2015, https://t.co/GMVBRusuS6?amp=1

26 David Brophy, "Good and Bad Muslims in Xinjiang," Made in China., July 9, 2019. https://madeinchinajournal.com/2019/07/09/good-and-bad-muslims-in-xinjiang/

27 Emily Yeh, "On Terrorism and the Politics of Naming, *Cultural Anthropology Online*, April 8, 2012, https://culanth.org/fieldsights/on-terrorism-and-the-politics-of-naming

28 Despite multiple sources confirming their role as support unit, Megvii now denies these claims. See Danielle Cave et al., "Mapping China's Tech Giants," Australia Strategic Policy Institute, 2019, https://chinatechmap.aspi.org.au/#/company/megvii

29 Xinhua, 2017. In the context of China, "counter-terrorism" refers

almost exclusively to policing of Uyghurs and other ethno-racial minorities. See Ryan Mac et al., "US Universities and Retirees Are Funding the Technology Behind China's Surveillance State," *Buzzfeed*, June 5, 2019, https://www.buzzfeednews.com/article/ryanmac/us-money-funding-facial-recognition-sensetime-megvii; in a statement communicated through Ginny Wilmerding, a former partner at Brunswick Group, Megvii stated that it has not developed "any solutions targeting specific ethnic groups."

30 Rob Schmitz, "Facial Recognition in China Is Big Business as Local Governments Boost Surveillance," NPR, April 3, 2018, https://www.npr.org/sections/parallels/2018/04/03/598012923/facial-recognition-in-china-is-big-business-as-local-governments-boost-surveilla,

31 Kai Strittmatter, *We Have Been Harmonized* (Old Street Publishing, 2019), p. 170.

32 "曠視Face++出席AI領域年度盛會：用AI構建「伍度」城市感知 Megvii's Face++ Attends an Annual Event in the AI Field: Using AI to Build 'Five Degrees' of City Perception," *Technology Express*, March 2018, https://archive.ph/dJwtw

33 Center for Global Policy, 2020.

34 "acting contrary to the foreign policy interests": "Addition of Certain Entities to the Entity List," *US Department of Commerce*, October 9, 2019, https://s3.amazonaws.com/public-inspection.federalregister.gov/2019-22210.pdf

35 Center for Global Policy, 2020.

36 "US Blacklist is Not Stopping Megvii from Seeking a Hong Kong IPO," Al Jazeera, November 19, 2019, https://www.aljazeera.com/ajimpact/blacklist–stopping-megvii-seeking-hong-kong-ipo-191119185927551.html

37 "A 17-year Security Veteran on What He Hears and Feels About Megvii's Face++."

38 "Huawei / Megvii Uyghur Alarms," IPVM, December 8, 2020, https://ipvm.com/reports/huawei-megvii-uygur

39 Krystal Hu and Jeffrey Dastin, "Exclusive: Amazon Turns to Chinese Firm on U.S. Blacklist to Meet Thermal Camera Needs," Reuters, April 29, 2020, https://www.reuters.com/article/us-health-coronavirus-amazon-com-cameras/exclusive-amazon–turns-to-chinese-firm-on-u–s-blacklist-to-meet-thermal-camera-needs-idUSKBN22B1AL

40 Kirsty Needham, "Special Report: COVID Opens New Doors for China's Gene Giant," Reuters, August 5, 2020, https://www.reuters.com/article/us-health-coronavirus-bgi-specialreport/special-report-covid-opens-new–doors-for-chinas-gene-giant-idUSKCN2511CE

41 "CEO Tyler Nottberg Teams Up with Local Business Leaders to Buy 50,000 COVID-19 Test Kits," *US Engineering*, March 25, 2020, https://www.usengineering.com/2020/03/ceo-tyler-nottberg–teams-up-with-local-business-leaders-to-buy-50000-covid-19-test-kits/; "BGI Helps Kansas City Community Scale Up COVID-19 Testing," BGI, March 30, 2020, https://www.bgi.com/us/company/news/bgi-helps-kansas-city-community-scale-up-covid-19-testing/

42 "Private Eye: Megvii Exec on Power of AI Amid Pandemic," *China Daily*, May 28, 2020, https://www.chinadaily.com.cn/a/202005/28/WS5eceec41a310a8b241158f2c.html

43 Sun Ye, "Chinese Tech Companies Rise to COVID-19 Challenge," CGTN, August 29, 2020, https://news.cgtn.com/news/2020-08-29/Chinese-tech-companies-rise-to–COVID-19-challenge-TlBXFQzrTW/index.html

44 Sanjana Varghese, "Borders Everywhere," *Real Life Magazine*, August 12, 2020, https://reallifemag.com/borders-everywhere/

45 Drew Harwell, "Oregon Became a Testing Ground for Amazon's Facialrecognition Policing. But What if Rekognition Gets It Wrong?" *Washington Post*, April 30, 2019, https://www.washingtonpost.com/technology/2019/04/30/amazons-facial-recognition-technology-is-supercharging-local-police/

46 Jason W. Moore, "The Capitalocene Part II: Accumulation by

Appropriation and the Centrality of Unpaid Work /Energy," *Journal of Peasant Studies*, 2017.

47　Cai Yineng, "On China's 'Color Codes' and Life After COVID-19," *Sixth Tone*, April 9, 2020, https://www.sixthtone.com/news/1005452/on-chinas-color-codes-and-life-after-covid-19

48　Konstantin Richter, "How New Zealand Beat the Coronavirus," *Politico*, May 14, 2020, https://www.politico.eu/article/kiwis-vs-coronavirus-new-zealand-covid19-restrictions-rules/; Ian Bremmer, "The Best Global Responses to the COVID19 Pandemic, 1 Year Later," *Time*, February 23, 2021, https://time.com/5851633/best-global-responses-covid-19/

49　Angelique Carson, "Surveillance as a tool for racism," TechCrunch, April 25, 2016, https://techcrunch.com/2016/04/25/surveillance-as-a–tool-for-racism/

50　Parmy Olson, "The Quiet Growth of Race Detection Software Sparks Concerns Over Bias," *Wall Street Journal*, August 14, 2020, https://www.wsj.com/articles/the-quiet-growth-of-race-detection-software-sparks-concerns-over-bias-11597378154

신장 위구르 디스토피아

중국의 첨단기술 형벌 식민지에서 벌어지는 탄압과 착취의 기록

1판 1쇄 펴냄 | 2022년 11월 30일

지은이 | 대런 바일러
옮긴이 | 홍명교
발행인 | 김병준
편   집 | 정혜지
디자인 | 일상의실천·권성민
마케팅 | 정현우·차현지
발행처 | 생각의힘

등록 | 2011. 10. 27. 제406-2011-000127호
주소 | 서울시 마포구 독막로6길 11, 2, 3층
전화 | 02-6925-4183(편집), 02-6925-4188(영업)
팩스 | 02-6925-4182
전자우편 | tpbook1@tpbook.co.kr
홈페이지 | www.tpbook.co.kr

ISBN 979-11-90955-75-1 (03300)